JN075305

無料音声
ダウンロード付

小飛さんの

台湾
今日から話せる
Taiwan Chinese
華語!

ベレ出版

台湾をもっと楽しんでみたくありませんか？

台湾人の私は大学時代に日本語を学びました。初めて日本を旅行した時に、学んだ言葉がちゃんと伝わった時はとても嬉しかったです。あなたにもそういった喜びを味わって欲しい！台湾旅行をもっと楽しくて特別な思い出にして欲しい！そういった想いで本書を書きました。

はじめに

本書ではすぐに使える簡単な言葉を中心に紹介しているので、台湾華語初心者の方にもぴったりです。学んだ言葉を使った会話の例文も載せているので、そのまま真似して使えば今日から会話ができますよ！難しい文法参考書で諦めてしまった方や勉強が苦手な方でも大丈夫。見たいところだけ見たって OK です。使える言葉や表現を増やしていきましょう！また、台湾に関する情報も紹介しています。勉強しながら台湾のことを知ることができますよ！

台湾は親日的な人が多く、日本の文化に興味がある人も少なくありません。しかも日本と台湾は地理的に近く、台湾グルメの流行で留学や旅行を希望する方がどんどん増えています。
あなたもこの本で覚えた台湾華語で台湾をもっと楽しんでみませんか？

それでは一緒に頑張りましょう！

目次

Index

Chapter 2

覚えておきたい!
重要構文

061

Chapter 3

ステップアップ!
使えると便利な
接続語や副詞

079

Chapter 4

場面別ダイアローグで
フレーズを
使ってみよう

091

あとがき

134

台湾華語ってどんな言語？

本書における「台湾華語」とは台湾で使われている中国語のことをいいます。台湾では「國語」ともいわれ、台湾の共通語として台湾全土で使用されています。台湾には他にもいくつかの言語が使用されていますが、まずは共通語である「台湾華語」を学びましょう！

台湾華語は中国本土の中国語とは違うの？

基本的には台湾で使われる中国語も中国本土で使われる中国語も同じです。日本でも方言などで、地域により使用される単語や発音が若干違うことがあるように、台湾と中国でも多少の違いはありますが、普通はお互いに会話をする上で支障はありません。

実は中国語より台湾華語の方が日本人にとっては学びやすい!?

基本的には同じと説明しましたが、台湾華語と中国本土の中国語の違いを3つ紹介します。そしてそれらの違いは、日本人が台湾華語を学ぶメリットになると考えました！

❶ 字体の違い

台湾では繁体字が使われ、中国では簡体字が使われています。繁体字を簡略化して書いたものが簡体字です。例えば日本語の「電話」は繁体字では同じく「電話」と書きますが、簡体字では「电话」と書きます。簡体字でもなんとなく分かるかもしれませんが、違和感がありますよね。それに対して、繁体字は日本で使われている漢字と同じことが多いので、台湾華語は日本人にとって理解しやすいのです！

❷ 発音記号の違い

台湾では注音（ズゥイン）と呼ばれる、日本語のひらがなのような文字を振り仮名として使用しますが、中国ではアルファベットで表記した拼音（ピンイン）が使用されます。

台湾 注音：ㄅ、ㄆ、ㄇ、ㄈ、…

中国 拼音：b 、p、m、f、…

注音には「ㄑ」、「ㄘ」、「ㄜ」、「ㄝ」、「ㄙ」、「ㄡ」のように、日本のひらがなやカタカナに似た文字を使用しているので、なんだか親しみが感じられますよね！

❸ 発音の違い

中国では舌をかなり巻き上げて発音する音がありますが、台湾では舌をあまり巻き上げずに発音します。日本語にはない発音なので意識して発音しないと日本人には大変ですが、台湾華語ではあまり気にせずに発音しても通じるので、より簡単なのです！

以上の3つの違いが、台湾華語をより簡単で理解しやすいものにしてくれています。「これならできるかも！」「思ってたより難しくないかも！」なんて感じてもらえたら嬉しいです。

最近まで台湾では台湾華語は話されてなかった?!

実は、台湾で台湾華語が使われるようになったのは第二次世界大戦（1945年）以降なのです!!

それまでは台湾閩南語（台語）や客家語、その他の原住民語が話されていて、日本統治時代には日本語も話されていました。

ですが、第二次世界大戦後は政策により、台湾華語を共通語として、それ以外の言葉の使用が抑圧されました。現在ではそのような規制は解除されましたが、今でも台湾華語が共通語として使用されています。

注音符號

TRACK 01

台湾華語の音節は聲母、介音、韻母、声調の組み合わせで構成されます。
注音符號は聲母、介音、韻母の3つに分けられ、聲母は21音、介音は3音、韻母は13音あります。

聲母 (21音)

注音	拼音	発音	注音	拼音	発音	注音	拼音	発音
ㄅ	b	ボ	ㄉ	d	ダ	ㄍ	g	ガ
ㄆ	p	ポ	ㄊ	t	タ	ㄎ	k	カ
ㄇ	m	モ	ㄋ	n	ナ	ㄏ	h	ハ
ㄈ	f	フォ	ㄌ	l	ラ			
ㄐ	j	ジ	ㄓ	zh	ジュ	ㄗ	z	ズ
ㄑ	q	チ	ㄔ	ch	チュ	ㄘ	c	ツ
ㄒ	x	シ	ㄕ	sh	シュ	ㄙ	s	ス
			ㄖ	r	ル			

「聲母」とは子音のことで、必ず音節の先頭に置かれます。基本的には介音や韻母を後ろにつけて音節を作りますが、ㄓ、ㄔ、ㄕ、ㄖ、ㄗ、ㄘ、ㄙはこれ単独でも音節を作ることができます。

介音 (3音)

注音	拼音	発音	注音	拼音	発音	注音	拼音	発音
ㄧ	i	イ	ㄨ	u	ウ	ㄩ	ü	ユ

「介音」は母音の1つです。単独で音節を作ることができるほか、聲母＋介音、介音＋韻母、聲母＋介音＋韻母のように組み合わせて音節を作ることができます。

韻母 (13音)

注音	拼音	発音	注音	拼音	発音	注音	拼音	発音
ㄚ	a	ア	ㄞ	ai	アィ	ㄢ	an	アン
ㄛ	o	オ	ㄟ	ei	エィ	ㄣ	en	ウン
ㄜ	e	ウァ	ㄠ	ao	アゥ	ㄤ	ang	アァン
ㄝ	ê	エ	ㄡ	ou	オゥ	ㄥ	eng	オォン
ㄦ	er	アァ						

「韻母」も母音の1つです。単独で音節を作ることができるほか、聲母や介音の後において音節を作ります。

声調記号

音の高低のことを「声調」言い、声調を表す記号のことを「声調記号」と言います。

声調には第1声から第4声まであるため、「四声」とも言われています。「四声」の他に、軽く発音される「軽声」もあります。

声調

声調	1声	2声	3声	4声	軽声
声調記号	なし	ˊ	ˇ	ˋ	˙
発音	高く平坦に	一気に上げる	低く抑える	一気に下げる	軽く添える

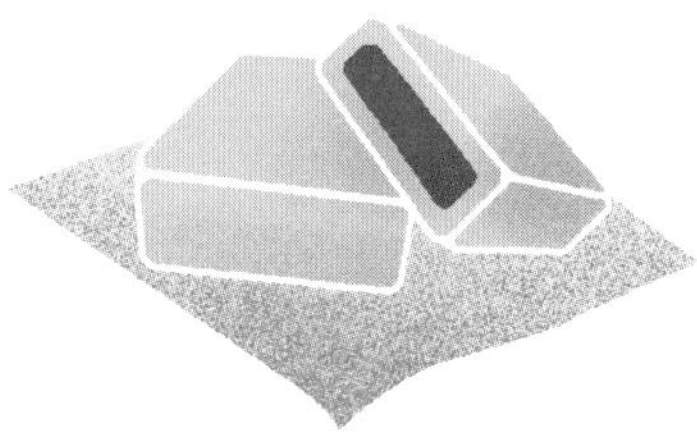

音声ダウンロード方法

付属音声をベレ出版ホームページより無料でダウンロードできます。

1. パソコンのウェブブラウザを立ち上げて「ベレ出版」ホームページにアクセスします。

   www.beret.co.jp

2. 「ベレ出版」ホームページ内の検索欄から、『小飛さんの今日から話せる台湾華語！』の詳細ページへ。

3. 「音声ダウンロード」をクリック。

4. 8ケタのダウンロードコードを入力しダウンロードを開始します。

   ダウンロードコード：**CXUKvQNT**

5. パソコンやMP3音声対応のプレーヤーに転送して、再生します。

お願いと注意点について

・デジタルオーディオ、スマートフォンへの転送・再生方法など詳しい操作方法については小社では対応しておりません。製品付属の取り扱い説明書、もしくは製造元へお問い合わせください。

・音声は本書籍をお買い上げくださった方へのサービスとして無料でご提供させていただいております。様々な理由により、やむを得なくサービスを終了することがありますことをご了承ください。

Chapter 1

すぐに使える!

基本フレーズ

01

挨拶

おはよう

TRACK 02

ザウ　アン
早 ㄗㄠˇ 安 ㄢ

おはようございます

ザウ　ザウ　ア
早 ㄗㄠˇ / 早 ㄗㄠˇ 啊 ˙ㄚ

おはよう

朝のあいさつです。日本語の「おはようございます」と同じ場面で使えます。

職場の人やご近所さんに「早安(ザウアン)」と朝の挨拶をして、気持ち良く一日を始めましょう！

仲のいい友達や家族などに対しては、より親しみの感じられる「早(ザウ)」、「早啊(ザウア)」と言いますよ！

Example Sentence

出勤時

愛ちゃん

經理，早安！

部長、おはようございます！

部長

啊！小愛，早啊！

あ、愛ちゃん、おはよう！

宗くん

經理、小愛，早安！

部長、愛ちゃん、おはようございます！

愛ちゃん

小宗，早安！

宗くん、おはようございます！

家族と

愛ちゃん

媽，早！早餐吃什麼？

お母さん、おはよう！朝ごはんは何？

お母さん

小愛，早啊！早餐是蛋餅喔！

愛ちゃん、おはよう！朝ごはんは蛋餅だよ！

02 こんにちは

TRACK 03

你（ニィ／ㄋㄧˇ）好（ハウ／ㄏㄠˇ）

こんにちは

嗨（ハイ／ㄏㄞ）/ 哈（ハ／ㄏㄚ）囉（ルォ／ㄌㄨㄛˊ）

ハイ / ハロー

「你好（ニィハウ）」は朝から晩まで一日中使えるとても便利な挨拶です。返事は「你好（ニィハウ）」もしくは、「好（ハウ）」と言いますよ！

また、台湾の若者の間では「嗨（ハイ）！」や「哈囉（ハルォ）！」のように英語由来の挨拶も使われます。

ちなみに、「こんにちは」には「午安（ウゥアン）」という表現もありますが、台湾ではあまり使われません。

初対面

愛ちゃん

ニィ ハウ
你好，
ウォ スゥ ムゥ ツン アィ
我是木村愛，
チン ジャウ ウォ シャウ アィ
請叫我小愛。

こんにちは。木村愛です。小愛と呼んでください。

> 台湾では名前が1文字の場合はフルネームで言う、もしくは名前の前に「小（シャウ）」をつけて自己紹介するのが一般的です。1文字だとバランスが悪く2文字にするために「小」を添えます。この場合の「小」には特に意味はありません。ただし、仲良くなると「小」には「ちゃん」や「くん」の意味がついてきます。

宗くん

ニィ ハウ ウォ スゥ シャウ ズォン チン ドゥォ ドゥォ ズゥ ジャウ
妳好，我是小宗，請多多指教。

こんにちは。宗です。よろしくお願いします。

ドリンクを買う時

愛ちゃん

ニィ ハウ ウォ ヤウ リャン ベィ ゼン ズゥ ナィ ツァ
你好。我要兩杯珍珠奶茶。

こんにちは。タピオカミルクティーを2杯ください。

店員さん

ニィ ハウ ダァ ベィ ハイ スゥ ゾン ベィ
妳好。大杯還是中杯？

こんにちは。Lサイズでしょうか M サイズでしょうか？

愛ちゃん

ダァ ベィ シエ シエ
大杯，謝謝！

Lサイズで、ありがとう。

03 さようなら

TRACK 04

再見

ザイ ジエン　ㄗㄞˋ ㄐㄧㄢˋ

さようなら

拜拜 / 掰掰

バイ バイ　ㄅㄞˋ ㄅㄞ˙ / バイ バイ　ㄅㄞ ㄅㄞ

バイバイ、じゃあね

「再見」は、別れの場面のあいさつとして使われる言葉です。「再見」の他に「拜拜」、「掰掰」という言葉もあります。こちらは友達同士でよく使われ、日本語で例えると「じゃあね！」といった感じです。

「拜拜」にはお寺で参拝する（お線香をもってお礼をする）動作の意味もあります。「拜拜」だと文字だけ見た場合どちらの意味か分からないので「掰掰」という言葉も使われるようになりました。こちらは「じゃあね！」という意味しかありません。

下校時

生徒

老師再見，同學們再見。

先生さようなら、皆さんさようなら。

先生

大家再見。

皆さん、さようなら。

帰り道

宗くん

小愛，時間不早了，快點回家吧！路上小心，拜拜。

愛ちゃん、もう遅いから、そろそろ帰ろう。気をつけてね、バイバイ。

愛ちゃん

今晚真開心，謝謝！路上小心啊！拜拜。

楽しい夜をありがとう！ 気をつけてね！バイバイ。

04

挨拶

お疲れ様です

TRACK 05

辛苦了

シン クゥ ラ

ㄒㄧㄣ ㄎㄨˇ ˙ㄌㄜ

お疲れ様です

「お疲れ様です」は「辛苦了（シンクゥラ）」と言います。仕事が終わって帰る時に、同僚や上司に「辛苦了」と言って帰りましょう。

頑張っている人をねぎらう時にも使いますよ！日本では電話やメールで「お疲れ様です」と始めることがありますが、台湾ではそのような使い方はしないので少し注意です！

その他に、「有勞了（ヨウラウラ）」という言葉もあります。頼み事を聞いてくれた相手に対して言う言葉で、「ご苦労様です（でした）」という意味です。余裕があればこちらも覚えてみてくださいね！

退勤する時

愛ちゃん

大家辛苦了，我先走囉！

皆さん、お疲れ様です。お先に失礼します。

みんな

辛苦了。路上小心。

お疲れ様です。気を付けてね！

会議の休憩中

愛ちゃん

小宗，會議結束了嗎？

宗くん、会議は終わった？

宗くん

還沒，再一下下就會結束。

まだだよ。もう少しで終わるよ。

愛ちゃん

這樣啊！辛苦了！

そっか！お疲れ！

05 挨拶

頑張れ

TRACK 06

加（ジャー／ㄐㄧㄚ）油（ヨウ／ㄧㄡˊ）

頑張れ

友達が試合や試験に臨む時などに、応援したり、励ましたりするために使います。「頑張れ」と相手に言う時は「加油（ジャーヨウ）」と言います。

「請加油（チンジャーヨウ）」と「加油（ジャーヨウ）」の前に「請（チン）」を付けると少し丁寧になり「頑張ってください」というニュアンスになります。

また、「頑張ります」と言う時は、「我會加油的（ウォフェイジャーヨウダ）」と言います。あわせて覚えておきましょう！

ちなみに、「加油（ジャーヨウ）」は読んで字のごとく「油を注ぐ（加える）」ことで、台湾のガソリンスタンドは「加油站（ジャーヨウザン）」と言いますよ！

試験の直前

宗くん

ゼン マ バン ウォ ハウ ジン ズァン オ

怎麼辦？我好緊張喔！

どうしよう？とても緊張する。

愛ちゃん

ファン チン ソン ビエ ジン ズァン ニィ カァ イィ ダ

放輕鬆，別緊張，你可以的，

ジャー ヨウ

加油。

リラックスして、緊張しないで。あなたなら、大丈夫だよ。頑張って！

宗くん

シエ シエ ウォ フェイ ジャー ヨウ ダ

謝謝。我會加油的。

ありがとう。頑張ります。

運動会の前日

リーダー

ミン ティエン ジョウ スウ ユン ドン フェイ ラ

明天就是運動會了。

ダァ ジャー イィ チィ ジャー ヨウ

大家一起加油！

いよいよ明日は運動会ですよ。みんな一緒に頑張ろう！

みんな

オォ

喔！

オー！

06 ありがとう

TRACK 07

謝謝（シェ シェ）

ㄒㄧㄝˋ ˙ㄒㄧㄝ

ありがとう

謝謝你 / 您（シェ シェ ニィ / ニン）

ㄒㄧㄝˋ ˙ㄒㄧㄝ ㄋㄧˇ / ㄋㄧㄣˊ

ありがとうございます

謝謝：ありがとう　你：あなた

ありがとうは「謝謝（シェシェ）」と言います。発音は「シェイシェイ」ではなく「シェシェ」ですよ！

謝謝の後ろに感謝する対象（你（ニィ）：あなた）を付けたほうが丁寧になります。女性の場合は「妳（ニィ）」という文字を使いますが、「你（ニィ）」と発音は変わりません。目上の方（年配者）には「您（ニン）」という言葉を付けるとさらに丁寧になります。

教室で

優子さん

ニィ ブゥ スゥ ウァン ジィ ダイ ビィ ハァ ラ マ
你不是忘記帶筆盒了嗎？

ウォ ジェ ニィ チェン ビィ バ
我借你鉛筆吧！

筆箱を忘れてしまったの？鉛筆を貸してあげるよ！

クラスメイト

シェ シェ
謝謝！

ありがとう

忘れ物

愛ちゃん

チン ウァン ザイ ツァー ザン ヨウ ジェン ダウ ザウ シャン ジー マ
請問，在車站有撿到照相機嗎？

すみません、駅にカメラの忘れ物はありませんでしたか？

受付

スゥ ザァ タイ マ
是這台嗎？

こちらですか？

愛ちゃん

ドゥエィ ドゥエィ ドゥエィ ゼン ダ フェイ ツァン シェ シェ ニィ
對對對，真的非常謝謝你。

そう、そう、そう。本当にありがとうございます。

07 感謝や謝罪

どういたしまして

TRACK 08

ブゥ　カァ　チィ
不（ㄅㄨˋ）客（ㄎㄜˋ）氣（ㄑㄧˋ）

どういたしまして

ブゥ　フェイ
不（ㄅㄨˋ）會（ㄏㄨㄟˋ）/

ブゥ　ヨン　シェ
不（ㄅㄨˋ）用（ㄩㄥˋ）謝（ㄒㄧㄝˋ）

どういたしまして、いいよ

「謝謝（シェシェ）（ありがとう）」と言われた時の返事として使用します。「不客氣（ブゥカァチィ）」が一般的な言い方です。「不會（ブゥフェイ）/不用謝（ブゥヨンシェ）」は「不客氣（ブゥカァチィ）」に比べて軽い言い方で「いいよいいよ」というような感じです。特に「不會（ブゥフェイ）」は台湾特有の言い方で、よく使われる表現でもあります。「謝謝（シェシェ）」と言われたら、台湾ではぜひ「不會（ブゥフェイ）」と返してみてくださいね！

落とし物

愛ちゃん

シェン サン ニィ ダ イエン ジン デャウ ラ
先生，你的眼鏡掉了。

メガネが落ちましたよー。

「先生（シェンサン）」は男性に呼びかける時に使う言葉です。女性には「小姐」（シャウジェ）という言葉を使います。

通行人

ア シエ シエ ニィ
啊，謝謝妳。

あっ、ありがとうございます。

愛ちゃん

ブゥ フェイ
不會。

どういたしまして。

荷物を預ける

受付

シャウ ジェ ザァ リィ カァ イィ ジィ ファン シン リィ オ
小姐，這裡可以寄放行李喔！

お客様、こちらで荷物を預けられますよ。

愛ちゃん

シエ シエ ニィ
謝謝你。

ありがとうございます。

受付

ブゥ カァ チィ
不客氣。

どういたしまして。

08 すみません

TRACK 09

不好意思

ブゥ ハゥ イィ ス
ㄅㄨˋ ㄏㄠˇ ㄧˋ ˙ㄙ

すみません

軽く謝る時や人に何かをお願いする時などに使えます。例えば、道を歩いていてちょっとぶつかってしまった時や、レストランなどで店員さんを呼ぶ時にも「不好意思（ブゥハゥイィス）！」と言えますよ！よく使うし、よく聞く言葉なので必ず覚えましょう！

「不好意思！」と言われた場合は「沒關係（メイグァンシィ）」や「沒事（メイスゥ）」と答えます。「いえいえ」、「いいよ」、「気にしないで」という意味で、2つの使い分けは必要なく誰に対しても使用できます。

「不好意思（ブゥハゥイィス）」には「すみません」の他に、「恐縮」の意味で使うこともあります。例えば「あなたは美人ですね」「とてもかっこいいですね」などと言われた時に「恐縮です」という意味で、恥ずかしがって「不好意思（ブゥハゥイィス）」と答えます。また、プレゼントやお土産をもらった時にも同様に使用できますよ。

ぶつかってあやまるとき

愛ちゃん

ブゥ ハウ イィ ス ズァン ダウ ニィ ラ

不好意思，撞到你了。

ぶつかってすみません。

通行人

メィ グァン シィ ビェ ジェ イィ

沒關係，別介意。

いいよ。気にしないで。

バス停の場所を尋ねる

愛ちゃん

ブゥ ハウ イィ ス チン ウァン チュウ グゥ ゴン ボォ ウゥ ユエン ダ ゴン ツァー ザン ザィ ナァ リィ

不好意思，請問去故宮博物院的公車站在哪裡？

すみません、故宮博物院行きのバス停はどこですか？

通行人

ゴン ツァー ザン ジョウ ザィ ドゥエィ ミエン

公車站就在對面。

バス停は向こうです。

愛ちゃん

シエ シエ

謝謝。

ありがとう。

09 ごめんなさい

TRACK 10

對（ドゥエイ ㄉㄨㄟˋ）不（ブゥ ㄅㄨˋ）起（チィ ㄑㄧˇ）/ 抱（バゥ ㄅㄠˋ）歉（チェン ㄑㄧㄢˋ）

ごめんなさい

悪いことや申し訳ないと思うことをして謝る時に使います。

基本的には「對不起」を使いますが、より丁寧な表現として「抱歉」があります。「對不起」は「ごめんなさい」、「抱歉」は「申し訳ありません」という意味に近いです。正式な場面では「抱歉」という言葉が使われることが多いです。これらの言葉の返答としては「気にしないで」という意味の「沒關係」「沒事」という言葉も一緒に覚えておきましょう！

会議に遅刻

愛ちゃん

經理，很抱歉。我睡過頭了！
再15分就到了。

部長！申し訳ありません。寝坊してしまいました！あと15分で着きます。

部長

請妳快一點！
會議馬上就要開始了。

急いでください！会議がもうすぐ始まります。

愛ちゃん

知道了。真的很抱歉。

わかりました。本当に申し訳ありません。

授業中

先生

今天的課就上到這裡。
現在把上次的作業交上來。

今日の授業はここまでです。前回の宿題を渡してください。

優子さん

老師，對不起。作業我忘記帶了。

先生、ごめんなさい！宿題持ってくるのを忘れました。

10

感覚

美味しい

TRACK 11

好吃

ハウ ツー

ㄏㄠˇ ㄔ

（食べ物が）おいしい

好喝

ハウ ハー

ㄏㄠˇ ㄏㄜ

（飲み物が）おいしい

食べ物を食べた時の「美味しい」と飲み物を飲んだ時の「美味しい」は違いますよ！

食べ物を食べた時の「美味しい」は、「好吃（ハウツー）」と言います。例えば、小籠包や滷肉飯を食べて「美味しい！」と言う時は「好吃（ハウツー）」と言います。

一方で、飲み物を飲んで「美味しい」と言う時は、「好喝（ハウハー）」と言います。ビールやお茶を飲んで「美味しい！」と言う場合は、「好喝（ハウハー）」と言ってくださいね！

Example Sentence

愛ちゃん

ティン シュォ ザン ファ ダ ロウ ユエン ヘン ヨウ ミン ニィ ツー グォ マ

聽說彰化的肉圓很有名，你吃過嗎？

彰化の肉圓はとても有名だそうだけど、食べたことある？

肉圓は台湾料理のひとつです。豚肉、筍としいたけなどを混ぜた肉餡を芋やお米の粉で包んで蒸しあげたもので、ソース、タレなどをかけて食べます。

宗くん

ヨウ ヤ イィ チエン ザイ タイ ゾン ニエン シュウ スゥ チャン チュウ ザン ファ ツー ロウ ユエン

有呀！以前在台中唸書時，常去彰化吃肉圓。

食べたことあるよ。以前台中で勉強していた時に、
よく彰化へ肉圓を食べに行ったよ。

愛ちゃん

ハウ ツー マ

好吃嗎？

美味しかった？

宗くん

ハウ ツー オ シア ツウ チュウ ツー カン カン バ

好吃喔！下次去吃看看吧！

美味しかったよ！今度食べに行こうか！

友達との会話

湯円は台湾の伝統的な小吃です。冬至や元宵節時によく食べられる団子のスイーツもしくはスープです。甘いタイプのものは砂糖、ゴマ、ピーナッツペーストなどが入った団子が入っており、甘くないものは具の入ってない団子と肉や野菜がスープの具材として入れられます。

愛ちゃん

ズェイ ジン ビェン リィ サン ディェン ツー ラ
最近便利商店出了

シン コゥ ウェイ ダ タン ユエン
新口味的湯圓，

ウォ メン チュウ マイ ライ ツー カン カン
我們去買來吃看看。

最近コンビニで新しい味の湯円が出たから、買いに行って食べてみよう！

宗くん

ハウ ヤ
好呀。

ルゥ ハァ ハウ ツー マ
如何？好吃嗎？

いいよ！どう？おいしい？

愛ちゃん

ウン ハウ ツー ウォ ヘン シィ ファン
恩，好吃。我很喜歡。

うん。美味しい。好きです。

Example Sentence

お母さん

ニィ ウァン ツァン ヤゥ ツー セン マ
你晚餐要吃什麼？

晩御飯は何を食べたい？

子供

ウン サン ツゥ マァ マ ズォ ダ ニョウ ロウ タン ヘン ハウ
恩…上次媽媽做的牛肉湯很好
ハー ウォ シャン ヤゥ ザィ ハー
喝，我想要再喝。

う～ん…前にお母さんが作った牛肉湯が
とても美味しかったからまた飲みたい。

お母さん

ゼン ダ マ
真的嗎？
ナァ マ ジン ウァン ザィ ズォ ニョウ ロウ タン バ
那麼今晚再做牛肉湯吧！

ほんとに？じゃあ今晩も牛肉湯しましょう！

子供

オォ イエ シエ シエ マァ マ
喔耶！謝謝媽媽。

やったー！ありがとうお母さん。

11 甘い、苦い

TRACK 12

甜的（ティエン ダ／ㄊㄧㄢˊ ˙ㄉㄜ）／甜甜的（ティエン ティエン ダ／ㄊㄧㄢˊ ㄊㄧㄢˊ ˙ㄉㄜ）

甘い

苦的（クゥ ダ／ㄎㄨˇ ˙ㄉㄜ）／苦苦的（クゥ クゥ ダ／ㄎㄨˇ ㄎㄨˇ ˙ㄉㄜ）

苦い

台湾華語では甘いは「甜的（ティエン ダ）」、苦いは「苦的（クゥ ダ）」、酸っぱいは「酸的（スァン ダ）」、辛いは「辣的（ラァ ダ）」、塩っぱいは「鹹的（シェン ダ）」と言います。また、会話ではより生き生きした表現として「甜甜的（ティエンティエンダ）」、「苦苦的（クゥ クゥ ダ）」、「酸酸的（スァンスァン ダ）」、「辣辣的（ラァ ラァ ダ）」、「鹹鹹的（シェンシェン ダ）」をよく使いますよ！

お母さん

吃完飯後，趕快吃藥。

ご飯を食べたら、早く薬を飲んでください。

子供

媽媽，藥是苦苦的？
還是甜甜的？

ママ、薬は苦い？甘い？

お母さん

藥是糖漿藥水，甜的喔！
所以趕快吃藥。

シロップの薬だから、甘いよ！なので早く飲んでくださいね。

子供

喔！知道了。

はい、分かった。

12

感覚

酸っぱい、辛い、しょっぱい

TRACK 13

スァン ダ
酸ㄙㄨㄢ 的˙ㄉㄜ /

スァン スァン ダ
酸ㄙㄨㄢ 酸ㄙㄨㄢ 的˙ㄉㄜ

酸っぱい

ラァ ダ
辣ㄌㄚˋ 的˙ㄉㄜ /

ラァ ラァ ダ
辣ㄌㄚˋ 辣ㄌㄚˋ 的˙ㄉㄜ

辛い

シェン ダ
鹹ㄒㄧㄢˊ 的˙ㄉㄜ /

シェン シェン ダ
鹹ㄒㄧㄢˊ 鹹ㄒㄧㄢˊ 的˙ㄉㄜ

しょっぱい

湯円を食べる

Example Sentence

宗くん

ジン ティエン スゥ ドン ズゥ ウォ メン ライ ズゥ タン ユエン ツー バ

今天是冬至，我們來煮湯圓吃吧！

今日は冬至だよ！湯円を食べよう。

愛ちゃん

ザン ツァン シァ ウゥ ツー シエン ダ タン ユエン ウァン サン ツー ティエン ダ ハウ ブゥ ハウ

贊成。下午吃鹹的湯圓，晚上吃甜的，好不好？

賛成！午後にしょっぱい湯円を食べて、
夜は甘い湯円を食べるのはどう？

宗くん

OK ジョウ ザァ マ バン

OK！就這麼辦。

OK！そうしよう！

料理の感想を聞く

愛ちゃん

ルゥ ハァ ザァ ツウ ズォ ダ スァン ラァ タン ハウ ハー マ

如何？這次做的酸辣湯好喝嗎？

どう？今回作った酸辣湯は美味しい？

宗くん

ハウ ハー スァン スァン ラァ ラァ ダ ゴウ ウェイ

好喝，酸酸辣辣的，夠味。

うん、美味しいです。酸っぱさと辛さがしっかりと感じられて美味しい。

暑い、寒い、暖かい、涼しい

TRACK 14

熱（ルァ ㄖㄜˋ）⇔ 冷（ラァン ㄌㄥˇ）

暑い⇔寒い

溫（ウン ㄨㄣ）暖（ヌァン ㄋㄨㄢˇ）⇔ 涼（リァン ㄌㄧㄤˊ）爽（シュァン ㄕㄨㄤˇ）

暖かい⇔涼しい

台湾華語では、暑いは「熱（ルァ）」、寒いは「冷（ラァン）」、暖かいは「溫暖（ウンヌァン）」、涼しいは「涼爽（リァンシュァン）」と言います。台湾華語ではこれらの言葉（形容詞）は単独では使いません。必ず「好（ハゥ）」や「很（ヘン）」などの程度を表す言葉（副詞）を前に付けてくださいね！

語順説明

基本形	主語	＋	「很」「好」（副詞）	＋	「熱」「冷」
否定形	主語	＋	「不」	＋	「熱」「冷」
疑問形	主語	＋	「熱」「冷」	＋	「嗎？」

友達との会話

愛ちゃん

小宗，要不要去買東西？

シャウ ズォン ヤウ ブウ ヤウ チュウ マイ ドン シー

宗くん、一緒に買物に行かない？

宗くん

今天好熱啊！我不想出去。

ジン ティエン ハウ ルァ ア ウォ ブウ シャン ツー チュウ

今日は暑いよ！出掛けたくない。

愛ちゃん

下午會變涼爽喔！

シァ ウゥ フェイ ビエン リァン シュアン オ

午後は涼しくなるよ！

親子の会話

お父さん

屋裡有一點冷，把窗戶關起來。順便打開電暖器。

ウー リィ ヨウ イィ ディエン ラァン バァ ツァン フウ グァン チィ ライ スン ビエン ダァ カイ ディエン ヌァン チィ

部屋は少し寒いので、窓を閉めてね！ついでにヒーターをつけて。

子供

好。

ハウ

うん。

お父さん

啊～，好溫暖啊！

アァ ハウ ウン ヌァン ア

あ～暖かいねー！

14 狭い、広い

TRACK 15

狹（シア ㄒㄧㄚˊ）窄（ザィ ㄓㄞˇ）/
狹（シア ㄒㄧㄚˊ）小（シャウ ㄒㄧㄠˇ）/ 窄（ザィ ㄓㄞˇ）

狭い

寬（クァン ㄎㄨㄢ）敞（ツァン ㄔㄤˇ）/
寬（クァン ㄎㄨㄢ）廣（グァン ㄍㄨㄤˇ）/ 大（ダァ ㄉㄚˋ）

広い

会話では使い分けは必要ありませんが、文章では「窄（ザィ）」や「大（ダァ）」はあまり使いません。

「狭い」「広い」は形容詞なので単独では使いません。「狹窄（シアザィ）」、「寬敞（クァンツァン）」の前に「好（ハウ）」や「很（ヘン）」などの程度を表す副詞を付けてくださいね！

観光地で写真を撮る

Example Sentence

愛ちゃん

ウォ メン ザイ モー ルウ シャン ザウ シャン バ

我(ㄨㄛˇ)們(ㄇㄣ˙)在(ㄗㄞˋ)摸(ㄇㄛ)乳(ㄖㄨˇ)巷(ㄒㄧㄤˋ)照(ㄓㄠˋ)相(ㄒㄧㄤˋ)吧(ㄅㄚ˙)！

一緒に「摸乳巷」で写真を撮りましょう。

宗くん

摸乳巷は観光地として有名な鹿港にあるとても狭い道です。

ハウ ヤ ブゥ グォ

好(ㄏㄠˇ)呀(ㄧㄚ˙)。不(ㄅㄨˋ)過(ㄍㄨㄛˋ)，

ザァ ティアウ シアン ズ ハウ シア シャウ ア

這(ㄓㄜˋ)條(ㄊㄧㄠˊ)巷(ㄒㄧㄤˋ)子(ㄗ˙)好(ㄏㄠˇ)狹(ㄒㄧㄚˊ)小(ㄒㄧㄠˇ)啊(ㄚ˙)！

いいよー。っていうか、この道とても狭いね！

友達との会話

愛ちゃん

フゥ ジン ヨウ ゴン ユエン マ

附(ㄈㄨˋ)近(ㄐㄧㄣˋ)有(ㄧㄡˇ)公(ㄍㄨㄥ)園(ㄩㄢˊ)嗎(ㄇㄚ˙)？

近くに公園はある？

宗くん

ヨウ ア ダァ アン セン リン ゴン ユエン ザイ フゥ ジン

有(ㄧㄡˇ)啊(ㄚ˙)！大(ㄉㄚˋ)安(ㄢ)森(ㄙㄣ)林(ㄌㄧㄣˊ)公(ㄍㄨㄥ)園(ㄩㄢˊ)在(ㄗㄞˋ)附(ㄈㄨˋ)近(ㄐㄧㄣˋ)。

あるよ！近くに大安森林公園があるよ。

愛ちゃん

ナァ ガ ゴン ユエン ダァ マ

那(ㄋㄚˋ)個(ㄍㄜ˙)公(ㄍㄨㄥ)園(ㄩㄢˊ)大(ㄉㄚˋ)嗎(ㄇㄚ˙)？

その公園は広い？

宗くん

ダァ アン セン リン ゴン ユエン ヘン ダァ オ

大(ㄉㄚˋ)安(ㄢ)森(ㄙㄣ)林(ㄌㄧㄣˊ)公(ㄍㄨㄥ)園(ㄩㄢˊ)很(ㄏㄣˇ)大(ㄉㄚˋ)喔(ㄛ)！

大安森林公園は広いよ！

15 感覚

可愛い、かっこいい、綺麗

TRACK 16

可(カァ ㄎㄜˇ)愛(アィ ㄞˋ) / 帥(スァイ ㄕㄨㄞˋ)

可愛い / かっこいい

美(メィ ㄇㄟˇ)麗(リィ ㄌㄧˋ) / 漂(ピャウ ㄆㄧㄠˋ)亮(リャン ㄌㄧㄤˋ)

（主に内面が）綺麗 /（主に外見が）綺麗

「可愛い」は台湾華語では「可愛(カァアィ)」と言います。日本語の「可愛い」の漢字と同じなので覚えやすいですね。

「かっこいい」は「帥(スァイ)」と言います。元々は男性を褒める言葉として使いますが、最近はファッショナブルな女性にも使います。

「綺麗」には「美麗(メィリィ)」と「漂亮(ピャウリャン)」の2つがあります。「美麗」は顔、風景などを見て美しいという時に使いますが、人に使う場合は特に内面の美しさに関してを表現します。

「漂亮(ピャウリャン)」は特に外見が美しいことを表現します。人の顔、服装、物、建物などの見た目が綺麗である時に使います。

愛ちゃん

你看！我買的繡花鞋是不是很可愛呀？如何？適合我嗎？

見て！私が買った刺繍入りのチャイナシューズ可愛い？どう？似合う？

宗くん

恩，很適合妳，也很可愛。我也買了新手錶，如何？

うん、とても似合うし可愛いね！
僕も新しい腕時計を買ったんだけどどう？

愛ちゃん

超帥的，非常時髦喔！

すっごくかっこいい（時計）。とってもおしゃれだね！

宗くん

嘿嘿！真不好意思！

はは！それほどでもないよ！

お花見に誘う

宗くん

台灣四月到七月是油桐花盛開的季節喔！

台湾の4月〜7月は油桐花が満開になる季節だよ！

愛ちゃん

油桐花？那是什麼？

油桐花？それ何？

宗くん

就是開滿雪白的小花，非常美麗。要不要去賞花呀？

真っ白な小さな花がとても綺麗だよ。お花見に行く？

真っ白ではらはらと散る景色は雪が降るみたいでとてもキレイです。油桐花は「五月雪」とも呼ばれています。

服屋さんでの会話

愛ちゃん

你看！這件洋裝好漂亮哦！

見て！このドレス綺麗〜！

宗くん

真的很漂亮欸，很適合妳。

本当だ。綺麗だね。愛ちゃんに似合うよ！

16

感覚

好き、嫌い

TRACK 17

シィ　ファン

喜ㄒㄧˇ 歡ㄏㄨㄢ

好き

ブゥ　シィ　ファン

不ㄅㄨˋ 喜ㄒㄧˇ 歡ㄏㄨㄢ

好きではない、嫌い

タゥ　イェン

討ㄊㄠˇ 厭ㄧㄢˋ

嫌い

「好き」は「喜歡（シィ ファン）」と言います。「喜歡（シィ ファン）」の前に否定を表す言葉である「不（ブゥ）」を付けて「不喜歡（ブゥ シィ ファン）」と言えば「好きではない」という意味になります。「討厭（タゥ イェン）」は「嫌い」という意味で「不喜歡（ブゥ シィ ファン）」よりも直接的な言葉です。

コンビニで

宗くん

好(ハウ)香(シャン)啊(ア)！是(スゥ)茶(ツァ)葉(イェ)蛋(ダン)，要(ヤウ)不(ブゥ)要(ヤウ)吃(ツー)？

いい匂い～！茶葉蛋の匂いだね。食べる？

愛ちゃん

不(ブゥ)要(ヤウ)！我(ウォ)不(ブゥ)喜(シィ)歡(ファン)茶(ツァ)葉(イェ)蛋(ダン)。

いらない。茶葉蛋は好きじゃないの。

宗くん

真(ゼン)的(ダ)假(ジァ)的(ダ)？我(ウォ)很(ヘン)喜(シィ)歡(ファン)茶(ツァ)葉(イェ)蛋(ダン)。

ホントに？僕は茶葉蛋がとても好きだよ。

蝶々を見て

愛ちゃん

哇(ウァ)！好(ハウ)美(メイ)麗(リィ)的(ダ)蝴(フゥ)蝶(ディェ)呀(ヤ)！你(ニィ)看(カン)！

わぁ、綺麗な蝶々！見て！

宗くん

不(ブゥ)想(シャン)看(カン)，我(ウォ)最(ズェィ)討(タウ)厭(イェン)昆(クン)蟲(ツォン)了(ラ)！

見たくない！虫は大嫌い！

17

ご出身はどちらですか？

TRACK 18

你（ニィ ㄋㄧˇ）是（スゥ ㄕˋ）哪（ナァ ㄋㄚˇ）國（グォ ㄍㄨㄛˊ）人（レン ㄖㄣˊ）？

出身国はどちらですか？

你：あなた　是：は　哪國：どちらの国　人：人

你（ニィ ㄋㄧˇ）是（スゥ ㄕˋ）哪（ナァ ㄋㄚˇ）裡（リィ ㄌㄧˇ）人（レン ㄖㄣˊ）？

出身はどちらですか？

你：あなた　是：は　哪裡：どちらの　人：人

相手がどこの国出身か尋ねる時は「你是哪國人？」と言います。出身国がわかっていてその国のどの地方の出身か尋ねる時は「你是哪裡人？」と言います。ただし、「你是哪裡人？」は出身国を聞く時にも使うことができます。答える時は「我是（出身地/國）人」と言えば「私は～出身です」となります。

お客さん

シェン サン ニィ スゥ ナァ リィ レン
先生，你是哪裡人？

出身はどちらですか？

「先生」は男性への呼びかけ、もしくは名前の後に付けて「〜さん」という意味になります。

宗くん

ウォ スゥ タィ ベィ レン ニン ナ
我是台北人。您呢？

私は台北出身です。あなたは？

お客さん

ウォ スゥ ガウ ション レン
我是高雄人。

シャウ ジエ ニィ スゥ ナァ グォ レン
小姐，妳是哪國人？

私は高雄出身です。あなたはどちらの国の出身ですか？

「小姐」は女性への呼びかけ、もしくは名前の後に付けて「〜さん」という意味になります。

愛ちゃん

ウォ スゥ ルゥ ベン レン
我是日本人。

私は日本人です。

お客さん

ニィ スゥ ルゥ ベン ダ ナァ リィ レン
妳是日本的哪裡人？

日本のどちらの出身ですか？

愛ちゃん

ウォ スゥ ドン ジン レン
我是東京人。

東京出身です。

18

ご飯食べた？

TRACK 19

（你）吃飯了嗎？

（你〔ニィ／ㄋㄧˇ〕）吃〔ツー／ㄔ〕飯〔ファン／ㄈㄢˋ〕了〔ラ／˙ㄌㄜ〕嗎〔マ／˙ㄇㄚ〕？

ご飯食べた？

你：あなた　　吃：食べる
飯：ごはん　　了：〜した
嗎：〜か？（疑問）

台湾でよく使われる挨拶の言葉を学びましょう！「你好（ニィハオ）」より親しみの感じられる言葉です。ぜひ覚えて使ってみましょう！

直訳すると「ご飯食べた？」という意味ですが、日本の方が会話のきっかけに天気の話をするように、台湾ではよくこの言葉を使いますよ。

「こんにちは」という意味で使ってもらえば大丈夫です。

返事は、ご飯を食べていたら「食べた」という意味の「吃過了（ツーグォラ）」、まだ食べていないなら「還沒（ハイメイ）」と答えますよ。

お母さん

小愛，吃飯了嗎？

愛、ご飯食べた？

愛ちゃん

吃過了。媽！妳吃飯了嗎？
有什麼事？

食べたよ～。お母さんは食べた？何か用？

お母さん

還沒。我寄了包裹，
收到要打電話，知道嗎？

まだよ。荷物を送ったから届いたら電話してね。分かった？

愛ちゃん

知道了，謝謝媽！

分かったよ。お母さんありがとう！

19 あなたの名前は何ですか？

TRACK 20

我的名字叫～

ウォ　ダ　ミン　ズ　ジャウ
ㄨㄛˇ　˙ㄉㄜ　ㄇㄧㄥˊ　˙ㄗ　ㄐㄧㄠˋ

私の名前は～です

我：わたし　的：の　名字：名前（フルネーム）　叫：～と呼ぶ

你叫什麼名字？

ニィ　ジャウ　セン　マ　ミン　ズ
ㄋㄧˇ　ㄐㄧㄠˋ　ㄕㄜˊ　˙ㄇㄜ　ㄇㄧㄥˊ　˙ㄗ

あなたの名前は何ですか？

你：あなた　叫：～と呼ぶ　什麼：何　名字：名前（フルネーム）

「私の名前は～です」という時は「我的名字叫～（ウォ ダ ミン ズ ジャウ）」と言います。「我叫～（ウォ ジャウ）」と言うこともできます。「私は～です」というニュアンスです。相手の名前を尋ねる時は「你叫什麼名字？（ニィ ジャウ セン マ ミン ズ）」と言います。丁寧な尋ね方としては他に「您貴姓？（ニン グェイ シン）：あなたのお名前（苗字）は何ですか？」「您怎麼稱呼？（ニン ゼン マ ツァン フゥ）：なんとお呼びすればよいでしょうか？」があります。

はじめて会う人に

王先輩

ニィ ハウ ツー ツウ ジェン ミエン ウォ ダ ミン ズ
妳好！初次見面，我的名字
ジャウ ワン ジエ シュイン ニィ ジャウ セン マ ミン ズ
叫王傑勳。妳叫什麼名字？

こんにちは。はじめまして、私の名前は王傑勳です。君の名前は？

優子さん

ニィ ハウ ワン シュエ ザン
你好！王學長，
ウォ ジャウ ズオ タン ヨウ ズウ チン ドゥオ ドゥオ ズウ ジャウ
我叫佐藤優子。請多多指教。

こんにちは！王先輩、私は佐藤優子です。よろしくお願いします。

> 男性の先輩は「學長」（シュエザン）、女性の先輩は「學姐」（シュエジエ）と言います。

王先輩

ズオ タン シュエ メイ
佐藤學妹，
チン ドゥオ ドゥオ ズウ ジャウ
請多多指教。

佐藤さん、よろしくお願いします。

> 女性の後輩は「學妹」（シュエメイ）、男性の後輩は「學弟」（シュエディ）と言います。

会社で

愛ちゃん

ニン ハウ シェン サン ニン グェイ シン
您好！先生，您貴姓？

こんにちは！お名前をお伺いします。

お客さん

ニン ハウ ウォ シン ツァン チン ジャウ ウォ シャウ ツァン
您好！我姓陳，請叫我小陳。

こんにちは！陳です。小陳と呼んでください。

20 おいくつですか？

TRACK 21

ニィ　ジィ　スェイ

你（ㄋㄧˇ）幾（ㄐㄧˇ）歳（ㄙㄨㄟˋ）？

（あなたは）何歳ですか？

你：あなた　　幾歳：何歳

ニィ　ドゥォ　ダァ

你（ㄋㄧˇ）多（ㄉㄨㄛ）大（ㄉㄚˋ）？

（あなたは）いくつ？

你：あなた　　多大：いくつ

ニン　グェイ　ガン

您（ㄋㄧㄣˊ）貴（ㄍㄨㄟˋ）庚（ㄍㄥ）？

おいくつですか？

您：あなた（丁寧）　　貴：相手への敬意を示す表現　　庚：年、年齢

年齢の尋ね方は、相手によって使い分けが必要です。一般的に、年齢を聞く時は、「你幾歳（ニィ ジィ スェイ）？」を使います。子供には対しては「你多大（ニィ ドゥォ ダァ）？」も使えます。

目上の人やお年寄りに年齢を聞く時は、より丁寧に「您貴庚（ニン グェイ ガン）？」と言います。

「您貴庚（ニン グェイ ガン）？」の前に、「請問（チン ウァン）（＝お尋ねしますが）」をよく付け、「請問您貴庚（チン ウァン ニン グェイ ガン）？」と尋ねるとより丁寧ですよ。

中国本土では台湾とは逆で、「你多大（ニィ ドゥォ ダァ）？」が一般的な年齢の尋ね方で、「你幾歳（ニィ ジィ スェイ）？」は子供に対して使うようです。

小さな子供との会話

「呀」を付けるとやわらかい表現になります。

愛ちゃん

妳好！妹妹，妳多大呀？

こんにちは！お嬢ちゃん、いくつなの？

女の子

五歲。阿姨，妳幾歲？

五歳。おねぇさん何歳？

愛ちゃん

祕密喔！

ひみつー！

おばあちゃんの誕生日

お母さん

明天是外婆的生日。

明日はおばあちゃんの誕生日だよ。

愛ちゃん

外婆貴庚呀？

おばあちゃんは何歳なの？

お母さん

90歲了，記得要買蛋糕喔！

90歳だよ。ケーキを買うのを忘れないでね！

(あなたの)趣味は何ですか？

TRACK 22

你(ニィ)(ㄋㄧˇ)的(ダ)(˙ㄉㄜ)興(シン)(ㄒㄧㄥˋ)趣(チュウ)(ㄑㄩˋ)是(スゥ)(ㄕˋ)什(セン)(ㄕㄜˊ)麼(マ)(˙ㄇㄜ)？

あなたの趣味は何ですか？

你：あなた　的：の
興趣：趣味　是：は　什麼：何

相手のことを知って仲良くなりましょう！会話のきっかけに使えるし、共通の趣味が見つかれば会話が弾んでもっと仲良くなれますよ！答え方は「我的興趣是(ウォ ダ シン チュウ スゥ)～：私の趣味は～です」と言いますが、省略して趣味の部分だけ答えても OK です。

趣味の単語

TRACK 23

閱讀(ユェ ドゥ)	読書	咖啡巡禮(カァ フェイ イ シュィン リィ)	カフェ巡り
旅行(リュウ シン)	旅行	打高爾夫球(ダァ ガゥ アァ フゥ チョウ)	ゴルフ
唱卡拉OK(ツァン カ ラ オケ)	カラオケ	做菜(ズォ ツァイ)	料理
打電動(ダァ ディエン ドン)	ゲーム	做甜點(ズォ ティエン ディエン)	お菓子作り
看卡通(カン カァ トン)	アニメを見る	健身(ジェン シェン)	筋トレ
聽音樂(ティン イン ユェ)	音楽鑑賞	看漫畫(カン マン ファ)	マンガを読む
看電影(カン ディエン イン)	映画鑑賞	攝影(サァ イン)	カメラ
運動(ユン ドン)	運動	爬山(パァ サン)	登山

王先輩

妳的興趣是什麼？

趣味は何？

優子さん

我的興趣是看電影。
學長，你呢？

私の趣味は映画観賞です。先輩（あなた）は？

王先輩

我也是看電影耶。

俺も映画鑑賞（が趣味）だよ。

優子さん

那麼下次我們一起去看電影吧！

じゃあ今度一緒に映画を見に行きましょう！

22 連絡先を教えてください

TRACK 24

請告訴我聯絡方式

請（チン ㄑㄧㄥˇ）告（ガウ ㄍㄠˋ）訴（スウ ㄙㄨˋ）我（ウォ ㄨㄛˇ）
聯（リエン ㄌㄧㄢˊ）絡（ルオ ㄌㄨㄛˋ）方（ファン ㄈㄤ）式（スウ ㄕˋ）

連絡先を教えてください

「聯絡方式（連絡先）」の他に「手機號碼（携帯電話の番号）」、「電子信箱（メールアドレス）」も「請告訴我＋～」で使ってみましょう。ただし、台湾では「mail」と言うことが多いです。

また、台湾でも日本同様、LINE が最も使用される連絡ツールとなっています。私も台湾の家族や友人とは LINE を使って連絡を取り合っていますよ！

王先輩

優子，請告訴我聯絡方式。

優子、連絡先を教えてください。

優子さん

好呀！王學長有用LINE嗎？

いいですよ！王先輩はLINE使ってますか？

王先輩

有呀！我們交換LINE吧！
順便手機號碼也告訴我。

やってるよ！LINEを交換しよう！ついでにケータイの電話番号も教えて。

優子さん

好呀！這是我的手機號碼。

いいですよ！これが私のケータイ番号です。

Tips 1　語順の考え方

TRACK 25

動詞を使った文（動詞述語文）

肯定文	主語 ＋ 動詞 ＋ 目的語

我（ウォ） 是（スウ） 日本人（ルゥ ベン レン）。	私は日本人です。
我（ウォ） 學（シュエ） 台灣華語（タイ ワン ファ ユウ）。	私は台湾華語を勉強します。

否定文	主語 ＋ 不 ＋ 動詞 ＋ 目的語

我（ウォ） 不（ブウ） 是（スウ） 台灣人（タイ ワン レン）。	私は台湾人ではありません。
我（ウォ） 不（ブウ） 學（シュエ） 台灣華語（タイ ワン ファ ユウ）。	私は台湾華語を勉強しません。

疑問文	主語 ＋ 動詞 ＋ 目的語 ＋ 嗎？

你（ニィ） 是（スウ） 台灣人（タイ ワン レン） 嗎（マ）？	あなたは台湾人ですか？
你（ニィ） 學（シュエ） 台灣華語（タイ ワン ファ ユウ） 嗎（マ）？	あなたは台湾華語を勉強しますか？

形容詞を使った文（形容詞述語文）

肯定文	主語 ＋ 副詞 ＋ 形容詞

她（ター） 很（ヘン） 可愛（カァ アィ）。	彼女は可愛い。
今天（ジンティエン） 好（ハウ） 熱（ルァ）。	今日は暑い。

否定文	主語 ＋ 不 ＋ 形容詞

她（ター） 不（ブウ） 可愛（カァ アィ）。	彼女は可愛くない。
今天（ジンティエン） 不（ブウ） 熱（ルァ）。	今日は暑くない。

疑問文	主語 ＋ 形容詞 ＋ 嗎？

她（ター） 可愛（カァ アィ） 嗎（マ）？	彼女は可愛いですか？
今天（ジンティエン） 熱（ルァ） 嗎（マ）？	今日は暑いですか？

Chapter 2

覚えておきたい！

重要構文

23 ～（を）ください

TRACK 26

請(チン/ㄑㄧㄥˇ)給(ゲイ/ㄍㄟˇ)我(ウォ/ㄨㄛˇ)～

～をください

請：～してください　給：与える　我：わたしに

我(ウォ/ㄨㄛˇ)要(ヤゥ/ㄧㄠˋ)～

～をください

我：わたしは　要：欲しい/必要とする

「～をください」と言う時は「請給我(チン ゲイ ウォ)」や「我要(ウォ ヤゥ)」の後ろに欲しいものを言います。

「請給我(チン ゲイ ウォ)」と「我要(ウォ ヤゥ)」、日本語ではどちらも「～をください」という意味で同じですが、台湾華語では少しだけ違います。

「請給我(チン ゲイ ウォ)」は丁寧に何かを相手に求めており、「～をください」というより、「～をいただけますか」といった感じです。通常のサービスに加えて、特別に何かをお願いしたい時などに使います。

「我要(ウォ ヤゥ)」は直訳すると、「～が欲しい」という意味で、お店やレストランなどで注文する時に使います。単純に自分が必要としているから「～をください」という感じです。

Example Sentence

レストランでの注文

愛ちゃん

請給我菜單。

チン ゲイ ウォ ツァイ ダン（ㄑㄧㄥˇ ㄍㄟˇ ㄨㄛˇ ㄘㄞˋ ㄉㄢ）

メニューをください。

> 持ってきてもらえるようお願いするので「請給我」を使います。

店員

好的，請稍等。

ハウ ダ チン サウ ダン（ㄏㄠˇ ˙ㄉㄜ ㄑㄧㄥˇ ㄕㄠ ㄉㄥˇ）

はい、少々お待ちください。

愛ちゃん

我要一份今日特餐。

ウォ ヤウ イィ フン ジン ルウ タァ ツァン（ㄨㄛˇ ㄧㄠˋ ㄧˊ ㄈㄣˋ ㄐㄧㄣ ㄖˋ ㄊㄜˋ ㄘㄢ）

本日の日替わり定食を1つください。

> レストランは食事を提供するのが通常の仕事なので「我要」と言って注文します。飲食店での注文は「我要」を使うと覚えてしまいましょう！

ドリンクスタンドでの注文

愛ちゃん

你好，

ニィ ハウ（ㄋㄧˇ ㄏㄠˇ）

我要四杯珍珠奶茶。

ウォ ヤウ スゥ ベイ ゼン ズー ナイ ツァ（ㄨㄛˇ ㄧㄠˋ ㄙˋ ㄅㄟ ㄓㄣ ㄓㄨ ㄋㄞˇ ㄔㄚˊ）

こんにちは。タピオカミルクティー4つをください。

> ドリンクスタンドはドリンクを提供するのが通常の仕事なので「我要」と言って注文します。飲食店での注文は「我要」を使うと覚えてしまいましょう！

店員

好的，這樣一共160元。

ハウ ダ ザァ ヤン イィ ゴン イィバイリョウスゥユエン（ㄏㄠˇ ˙ㄉㄜ ㄓㄜˋ ㄧㄤˋ ㄧˊ ㄍㄨㄥˋ ㄩㄢˊ）

はい、お会計は160元です。

愛ちゃん

啊！請給我袋子。

ア チン ゲイ ウォ ダイ ズ（ㄚ ㄑㄧㄥˇ ㄍㄟˇ ㄨㄛˇ ㄉㄞˋ ˙ㄗ）

あっ！ビニール袋をください。

> コンビニやドリンクスタンドでは袋は有料です。通常は袋を提供していないため「請給我」と頼んでいます。

24 要りません

TRACK 27

ブゥ　ヤゥ

不 ㄅㄨˊ 要 ㄧㄠˋ

要りません

不：～ない（直後の言葉を否定する）　要：欲しい/必要とする

ブゥ　シュー　ヤゥ

不 ㄅㄨˋ 需 ㄒㄩ 要 ㄧㄠˋ

要りません

不：～ない（直後の言葉を否定する）　需要：必要とする

「要らない」、「必要ではない」、「欲しくない」という意味です。

「～は要りますか？（要～嗎？）」、「～は必要ですか？（需要～嗎？）」と相手に尋ねられて、必要であれば「要/需要」で答えます。逆に必要ではないなら、「不要/不需要」と答えます。

「不要」と「不需要」は基本的にはどちらも同じ意味ですが、「不要」の方が強い否定を表します。「不要」は「要りません」、「不需要」は「必要ありません」といった感じです。

コンビニでの買物

店員

總共100元。需要袋子嗎？

お会計は100元です。袋は要りますか？

愛ちゃん

「不要」だけだと無愛想に感じられることもあるので、「謝謝」を付けると少し印象が良くなりますよ！

不要，謝謝。

要りません。ありがとうございます。

買物する場面

店員

買三個送一個，
需要再買一個嗎？

3個買ったら、1個無料でもらえます。もう1個買いませんか？

愛ちゃん

不需要，謝謝。

要りません、ありがとう。

25 これ、それ、あれ、どれ

TRACK 28

這個
ザァ ガ
ㄓㄜˋ ㄍㄜ˙

これ

那個
ナァ ガ
ㄋㄚˋ ㄍㄜ˙

それ/あれ

台湾華語では「それ」も「あれ」も同じ言葉を使いますよ。

哪個
ナァ ガ
ㄋㄚˇ ㄍㄜ˙

どれ

カタカナでみると「それ/あれ」と「どれ」は同じ、「ナァガ」ですが、発音が違うので注意です！

「それ/あれ」の「那（ナァ）」は高い所から一気に音を下げるように言います。「どれ」の「哪（ナァ）」は低い音で抑えるような感じで発音します。

「これ、あれ、それ、どれ」は買物でとても役立つ表現です。商品の名前を読めなかったり、分からなかったりする時や、店員さんに自分が注文したいものを伝える時に、「これ、それ、あれ」と言いながら、指で指して伝えることができます。

店員

ニン ヤウ ディエン セン マ

您(ㄋㄧㄣˊ)**要**(ㄧㄠˋ)**點**(ㄉㄧㄢˇ)**什**(ㄕㄜˊ)**麼**(ㄇㄜ˙)**？**

何を注文しますか？

愛ちゃん

ウォ ヤウ ザァ ガ

（邊看菜單，邊用手指著）我(ㄨㄛˇ)**要**(ㄧㄠˋ)**這**(ㄓㄜˋ)**個**(ㄍㄜ˙)**。**

（メニューを見て、指で指しながら）これをください。

店員

ハウ ダ ハイ シュー ヤウ セン マ

好(ㄏㄠˇ)**的**(ㄉㄜ˙)**，還**(ㄏㄞˊ)**需**(ㄒㄩ)**要**(ㄧㄠˋ)**什**(ㄕㄜˊ)**麼**(ㄇㄜ˙)**？**

はい。他に何か要りますか？

愛ちゃん

ウォ ヤウ ナァ ガ

（看著對面的飲料海報）我(ㄨㄛˇ)**要**(ㄧㄠˋ)**那**(ㄋㄚˋ)**個**(ㄍㄜ˙)**。**

ザァ ヤン ジョウ カァ イィ ラ

這(ㄓㄜˋ)**樣**(ㄧㄤˋ)**就**(ㄐㄧㄡˋ)**可**(ㄎㄜˇ)**以**(ㄧˇ)**了**(ㄌㄜ˙)**。**

（向こうの壁に貼った飲料のポスターを見ながら）あれをください。以上です。

店員

ハウ ダ チン サウ ホウ

好(ㄏㄠˇ)**的**(ㄉㄜ˙)**，請**(ㄑㄧㄥˇ)**稍**(ㄕㄠ)**後**(ㄏㄡˋ)**。**

はい。少々お待ちください。

26 数の数え方「1つ、2つ、3つ」

TRACK 29

リィン 零 ㄌㄧㄥˊ	イー 一 ㄧ	アァ 二 ㄦˋ	サン 三 ㄙㄢ
0	1	2	3
スゥ 四 ㄙˋ	ウゥ 五 ㄨˇ	リョウ 六 ㄌㄧㄡˋ	チー 七 ㄑㄧ
4	5	6	7
バー 八 ㄅㄚ	ジョウ 九 ㄐㄧㄡˇ	スゥ 十 ㄕˊ	ガ 個 ˙ㄍㄜ
8	9	10	個

買い物の際に個数を伝える時は数の後ろに「個(ガ)」をつけます。「1つ」と言いたければ「一個(イーガ)」となります。

例：ひとつください⇒我要一個(ウォヤウイーガ)

数字の2の発音は「二(アァ)」と言いますが、「二個(アァガ)」とは言わず、「兩個(リャンガ)」と言います。これだけは違うので覚えてくださいね！

台湾と中国の漢数字は2種類があります。ここで紹介した「一、二、三、四、五、六、七、八、九、十」の他に、「壹、貳、參、肆、伍、陸、柒、捌、玖、拾」と表記することがあります。銀行で紙で振り込みをする時などに使われます。表記が違うだけで発音（注音）はすべて同じです。

Example Sentence

> 胡椒餅は手軽に食べられる台湾で人気の軽食です。台湾の屋台でよくみられます。中身は胡椒でピリ辛に味付けされた豚肉や牛肉と葱が入っています。それを釜で焼き上げたまんじゅうのような食べ物です。

店主

ニィ ハウ
妳好。

ニィ ヤウ ジィ ガ フウ ジャウ ビン
妳要幾個胡椒餅？

こんにちは、胡椒餅は何個欲しいですか？

愛ちゃん

ウォ ヤウ リャン ガ シエ シエ
我要兩個，謝謝。

2つください。ありがとうございます。

店主

ゾン ゴン チースゥユエン
總共70元。

合計70元です。

様々な単位

TRACK 30

個（ガ）	個	件（ジェン）	着（服を数える時）
杯（ペイ）	杯（飲み物）	隻（ズゥ）	匹（動物の数を数える時）
碗（ワン）	杯（お椀に盛られた食べ物）	枝（ズゥ）	本（お花の数を数える時）
盤（パン）	皿（お皿に盛られた食べ物）	次（ツゥ）	回（回数を数える時）
本（ベン）	冊（本を数える時）	個人（ガ レン）	人（人数を数える時）
張（ザン）	枚（枚数・ページを数える時）	克（カァ）	グラム
包（バウ）	袋（袋に入ったものの数を数える時）	點（ティェン）	時
盒（ハァ）	箱（箱やケースなどしっかりした容器に入ったものの数を数える時）	分（フン）	分
		秒（ミャウ）	秒

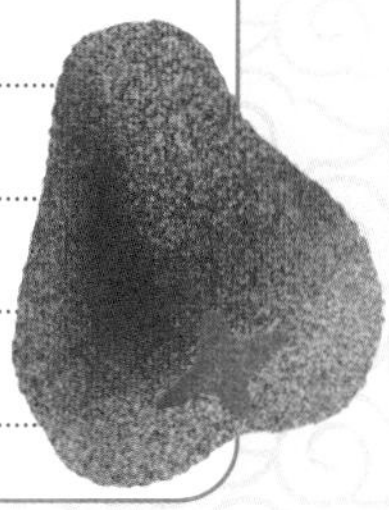

27 ちょっと待ってください

TRACK 31

請 等 一 下

チン ダン イィ シア
ㄑㄧㄥˇ ㄉㄥˇ ㄧˊ ㄒㄧㄚˋ

ちょっと待ってください

請：～してください　等：待つ　一下：ちょっと

請稍候 / 請稍等一下

請稍候：チン サウ ホウ（ㄑㄧㄥˇ ㄕㄠ ㄏㄡˋ）
請稍等一下：チン サウ ダン イィ シア（ㄑㄧㄥˇ ㄕㄠ ㄉㄥˇ ㄧˊ ㄒㄧㄚˋ）

少々お待ちください

請：～してください　稍：少し　候/等：待つ

「請等一下」は、相手を待たせてしまう時に使用します。日常生活ではもちろん、旅行の時などもお金やパスポートを取り出すのに手間取っている時なんかに使えますよ！

友達や家族などには「請」を取って「等一下」と言えば、「ちょっと待って」と軽い感じになります。

「請稍候」「請稍等」は「請等一下」よりも丁寧な言い方で、サービス業の人がお客さんをお待たせする時に使われます。

ホテルのカウンター

受付

妳好。麻煩您的護照。

こんにちは、パスポートをお願いします。

愛ちゃん

好的，請等一下。

はい、ちょっと待ってください。

親子の会話

お母さん

媽媽出去買東西囉！

お母さんは買い物に行ってくるね！

子供

媽！等一下，幫我買零食。

お母さん待って！おやつ買ってきて。

靴屋さんで

愛ちゃん

請問這雙鞋子有黑色的嗎？

この靴の黒色はありますか？

店員

請稍等一下，我查看看。

少々お待ちください。確認してみます。

28 これは中国語でなんと言いますか？

TRACK 32

這（ザァ ㄓㄜˋ）中（ゾン ㄓㄨㄥ）文（ウァン ㄨㄣˊ）怎（ゼン ㄗㄣˇ）麼（マ ˙ㄇㄜ）說（シュオ ㄕㄨㄛ）？

これは中国語で何と言いますか？

這：これ　中文：中国語　怎麼：どのように　說：言う

請（チン ㄑㄧㄥˇ）再（ザィ ㄗㄞˋ）說（シュオ ㄕㄨㄛ）一（イィ ㄧˊ）次（ツゥ ㄘˋ）

もう一回言ってください

請：〜して下さい　再：再び　說：言う　一次：一回

台湾や中国に旅行する時に知らないものに出会うことは多いと思います。そのいうときはこのフレーズを使って、現地の方に聞いてみましょう！

新しい言葉を学べたり、現地の人とふれ合えたりすることができますよ！

初めて聞いた言葉は一度聞いただけではうまく聞き取れないと思います。そういう時は「請再說一次（チン ザィ シュオ イィ ツゥ）」と言ってもう一度言ってもらいましょう。

Example Sentence

愛ちゃん

チン ウァン ザァ ゾン ウァン ゼン マ シュオ
請(ㄑㄧㄥˇ)**問**(ㄨㄣˋ)**這**(ㄓㄜˋ)**中**(ㄓㄨㄥ)**文**(ㄨㄣˊ)**怎**(ㄗㄣˇ)**麼**(˙ㄇㄜ)**說**(ㄕㄨㄛ)**？**

すみません、これは中国語でなんと言いますか？

「地瓜球」はサツマイモで作ったスイーツです。台湾の屋台で見られる人気のおやつです。

店主

ザァ ガ ジャウ ディ グァー チョウ
這(ㄓㄜˋ)**個**(ㄍㄜˋ)**叫**(ㄐㄧㄠˋ)**「地**(ㄉㄧˋ)**瓜**(ㄍㄨㄚ)**球**(ㄑㄧㄡˊ)**」，**

ヘン ハウ ツー オ
很(ㄏㄣˇ)**好**(ㄏㄠˇ)**吃**(ㄔ)**喔**(ㄛ)**。**

これは「地瓜球」と言います。とても美味しいですよ！

愛ちゃん

チン ザィ シュオ イィ ツゥ
請(ㄑㄧㄥˇ)**再**(ㄗㄞˋ)**說**(ㄕㄨㄛ)**一**(ㄧˊ)**次**(ㄘˋ)**。**

もう一度言ってください。

店主

ディ グァー チョウ
地(ㄉㄧˋ)**瓜**(ㄍㄨㄚ)**球**(ㄑㄧㄡˊ)**。**

地瓜球。

愛ちゃん

ウォ ヤウ イィ バウ ディ グァー チョウ シエ シエ
我(ㄨㄛˇ)**要**(ㄧㄠˋ)**一**(ㄧˋ)**包**(ㄅㄠ)**地**(ㄉㄧˋ)**瓜**(ㄍㄨㄚ)**球**(ㄑㄧㄡˊ)**，謝**(ㄒㄧㄝˋ)**謝**(˙ㄒㄧㄝ)**。**

地瓜球を1袋ください。ありがとう。

29 ～はどこですか？

TRACK 33

～在（ザィ／ㄗㄞˋ）哪（ナァ／ㄋㄚˇ）裡（リィ／ㄌㄧˇ）？

～はどこですか？

在：ある　　哪裡：どこ

這（ザァ／ㄓㄜˋ）裡（リィ／ㄌㄧˇ）

ここ

那（ナァ／ㄋㄚˋ）裡（リィ／ㄌㄧˇ）

そこ/あそこ

「～はどこですか？」は台湾華語では「～在哪裡？」と言います。誰かに場所や道などを聞く際に使えます。旅行で迷子になってしまった時のために覚えておきましょう！

そして、場所を表す代名詞「ここ、そこ、あそこ」も説明します。「そこ」と「あそこ」は台湾華語では同じです。

「そこ、あそこ」の「那」と、「どこ」の「哪」は、発音のトーンが違います。「そこ、あそこ」の「那」は高い所から一気に音を下げるように言います。「どこ」の「哪」は低い音で抑えるような感じで発音します。

トイレを探したい時

愛ちゃん

不(ブゥ)好(ハウ)意(イィ)思(ス)，
請(チン)問(ウァン)洗(シイ)手(ソウ)間(ジェン)在(ザイ)哪(ナア)裡(リィ)？

すみませんが、トイレはどこですか？

「トイレ」は台湾華語では「洗手間」または「廁所」と言います。

店員

在(ザイ)那(ナア)裡(リィ)。

あそこです。

愛ちゃん

謝(シエ)謝(シエ)。

ありがとう。

バスやタクシーで行きたい場所を教える時

愛ちゃん

不(ブゥ)好(ハウ)意(イィ)思(ス)，我(ウォ)要(ヤウ)去(チュウ)這(ザア)裡(リィ)。
（邊指著地圖，邊告訴司機）

すみませんが、ここに行きたいです。（地図を指しながら、運転手に言う）

運転手

好(ハウ)的(ダ)。

はい、分かりました。

30 どうぞ

TRACK 34

請～
チン ㄑㄧㄥˇ

どうぞ～してください

您先請
ニン ㄋㄧㄣˊ　シェン ㄒㄧㄢ　チン ㄑㄧㄥˇ

お先にどうぞ

您：あなた（丁寧形）　先：先に　請：どうぞ
「你先請」と言ってもいいですが、「您」の方が「你」より丁寧です。

相手に対して「どうぞ」と何かを譲る時や、丁寧にお願いする時に使えます。

「どうぞ～してください」という時は、「請（チン）」の後に動詞を付けます。

席を譲る時や、順番を譲る時など明らかに状況が分かる時であれば、「請（チン）！」と言うだけでも通じます！

電車やバスで席を譲る時

宗くん

啊！請坐。

（ア ㄚ／チン ㄑㄧㄥˇ／ズォ ㄗㄨㄛˋ）

あ！どうぞ座ってください。

お年寄り

謝謝你。

（シェ ㄒㄧㄝˋ／シェ ˙ㄒㄧㄝ／ニィ ㄋㄧˇ）

ありがとうございます。

ちなみに優先席のことは台湾華語では「博愛座」と言いますよ！お年寄りや妊婦さん、身体の不自由な方に譲ってあげてくださいね！

宗くん

不會。

（ブゥ ㄅㄨˋ／フェイ ㄏㄨㄟˋ）

いえいえ。

エレベーターから降りる時

愛ちゃん

您先請。（邊按電梯邊說。）

（ニン ㄋㄧㄣˊ／シェン ㄒㄧㄢ／チン ㄑㄧㄥˇ）

お先にどうぞ。（ボタンを押しながら）

妊婦さん

謝謝。

（シェ ㄒㄧㄝˋ／シェ ˙ㄒㄧㄝ）

ありがとうございます。

Tips 2　数の数え方

TRACK 35

2桁の数字の数え方

２桁の数字は漢字で書いた通りに言います。
11を漢字で書くと、「十」と「一」なので次のように言います。

11　十一（スゥ イー）

23を漢字で書くと、「二」と「十」と「三」なので次のように言います。

23　二十三（アァ スゥ サン）

※「二十三」と言う他に、台湾では「二三」のように、十を省略して言うこともできますよ！

3桁以上の数字の数え方

3桁以上の数字の数え方は少し複雑です。
日本語とは違う６つのルールを覚えましょう！

1　１から始まる３桁以上の数字は先頭に「一」を付けて発音する。

100　一百（イィ バイ）　　**1000**　一千（イィチェン）

2　十の位の数が1の時は「一十」と発音する。

111　一百一十一（イィ バイ イィ スゥ イー）

3　３桁以上の数字の“２”は「二」ではなく「兩」を使う。

200　兩百（リャン バイ）

2222　兩千兩百二十二（リャンチェンリャン バイ アァ スゥ アァ）

4　数字の間に０が入る場合は「零」と発音する。

101　一百零一（イィ バイ リィン イー）

2022　兩千零二十二（リャンチェンリィン アァ スゥ アァ）

10101　一萬零一百零一（イィ ワン リィン イー バイ リィン イー）

5　4桁以上の数字で間に“０”が2つ以上続く場合は「零」は１回だけ発音する。

1001　一千零一（イィ チェンリィン イー）

10001　一萬零一（イィ ワン リィン イー）

11001　一萬一千零一（イィ ワン イィ チェンリィン イー）

6　３桁以上の数字で後に続く数字が“０”の場合、その桁の数字だけ発音しても良い。

110　一百一十（イィ バイ イィ スゥ）　または　一百一（イィ バイ イー）

1100　一千一百（イィ チェン イィ バイ）　または　一千一（イィ チェン イー）

Chapter 3

ステップアップ！

使えると便利な接続語や副詞

31 それから/そして

TRACK 36

然後

ラン ㄖㄢˊ　ホウ ㄏㄡˋ

それから/そして

「然後」は「それから」とか「そして」という意味があります。

「…して～する」というように行う行為を順番に並べて言う時に使います。

右ページの例文①にあるように「先…，然後～：先に…して、それから～する」という形でよく使われます。

また、レストランや屋台などで複数の料理を注文する時に「然後」を使えば、「～と、それから～と…」というように列挙していくことができますよ！

会話中に、「然後呢？」と言えば「それで？」、「それから？」と相手の話を促すことができます。コミュニケーションがはかどる便利な表現なので、余裕があれば一緒に覚えておいてくださいね！

例文①

先洗手，然後吃飯。

先に手を洗ってからご飯を食べてください。

例文②

直走，然後看到紅綠燈後，
往左邊走，就是郵局了。

まっすぐ行って、そして信号を左へ曲がると郵便局があります。

例文③

2品目からは例文のように「然後（＋再）＋個数＋品名」を繰り返せばオッケーです！

我要一籠小籠包，
然後再一碗滷肉飯，
然後再一杯台灣啤酒。

小籠包1つ、それからルーロー飯1つ、
それから台湾ビール1杯ください！

「台灣啤酒」は台湾の有名なビールの銘柄です。台湾人は「台啤」と略して呼んだりもしますよ！

32 しかし/だけど

TRACK 37

可是（カァ スゥ / ㄎㄜˇ ㄕˋ）

しかし/だけど

「可是」は「しかし」や「〜だけど」と言う意味です。

「…，可是〜」で「…だけど〜」となり、前の内容と後の内容が対照的であったり、予想されることと異なる時に使います。

「しかし」を意味する台湾華語には「可是」の他に、「但是」や「不過」もあります。基本的には会話では「可是」が最も使われますが、余裕があれば下の説明を参考に使い分けて下さいね。

「但是」は文語的な表現で、ニュースや新聞で使用されることが多いです。会話でも使われますが、「可是」よりも硬い印象です。

「不過」は「可是」と同じく会話で使用されますが、「不過」の方が少し柔らかい印象があります。日本語にすると「でも」が近いです。

例文①

Example Sentence

ウォ イエ シャン ヤウ ザァ ガ カア スウ メイ チェン
我也想要這個，可是沒錢。

これも欲しいけど、お金がない。

例文②

シャン ツー ニョウ ロウ ミエン
想吃牛肉麵，
カア スウ ウォ イィ ジン バウ ラ
可是我已經飽了。

牛肉麵を食べたいけど、もうお腹がいっぱいです。

例文③

ウォ イエ シャン チュウ ガウ ション
我也想去高雄，
カア スウ ザァ ツウ メイ ヨウ スウ ジエン
可是這次沒有時間。

高雄にも行きたかったけど、今回は時間がなかった。

33 または/それとも

TRACK 38

還是

ハイ スウ
ㄏㄞˊ ㄕˋ

または/それとも

「還是」は、「または/それとも」という意味です。2つ以上の選択肢からどれかを選択させる時に使います。「A 還是 B 還是 C 還是…」と続けて複数の選択肢から「どれが良い？」と相手に尋ねることができます。このように「還是」は疑問文で使用します。

「私は犬か猫が良い」というように、「A か B」のように疑問文でない時は「或是」を使います。「狗或是貓，我都可以。」と表現しますよ。

Example Sentence

例文①

ニィ ジュエ ダ ラン サァ ハイ スゥ ホン サァ ハウ

你覺得藍色還是紅色好？

青いのがいいと思う？それとも赤いのがいいと思う？

例文②

ウォ メン ヤウ シエン チュウ カン ディエン イン ザィ ツー ファン

我們要先去看電影再吃飯，

ハイ スゥ シエン ツー ファン ザィ チュウ カン ディエン イン

還是先吃飯再去看電影？

映画を観に行ってから、ご飯を食べる？
それともご飯を食べてから、映画を観に行く？

例文③

ワン ツァン ニィ シアン ツー ルウ スゥ リャウ リィ

晚餐你想吃日式料理，

ハイ スゥ タイ ワン リャウ リィ

還是台灣料理？

ハイ スゥ ハン グォ リャウ リィ

還是韓國料理？

晩御飯は日本料理が食べたいですか？台湾料理が食べたいですか？
それとも韓国料理が食べたいですか？

34 …したから、～になった

TRACK 39

因為…所以～

…したから、～になった

「因為…所以～」は「…したから、～になった」というように原因と結果を言う時にセットで使います。

「因為」の後に理由や原因となることを言い、さらにそれに続けて「所以」の後に結果となることを言います。

例文①を使って説明すると「吃太多（食べ過ぎた）」が原因となって「肚子很痛（お腹が痛い）」という結果になっています。

もし「なんでお腹が痛いの？」と聞かれて、「食べ過ぎたから」と理由や原因だけを答える時は「因為吃太多」とだけ言えば OK です！

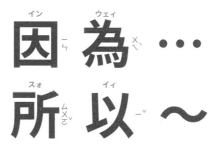

例文①

イン ウェイ ツー タイ ドゥォ スォ イィ ドゥ ズ ヘン トン

因為吃太多，所以肚子很痛。

食べ過ぎて、お腹が痛いです。

例文②

イン ウェイ シァン ジャウ タイ ワン パン ヨウ

因為想交台灣朋友，

スォ イィ シュエ ゾン ウァン

所以學中文。

台湾人の友達が欲しいので、中国語の勉強をしています。

例文③

イン ウェイ ザウ サン スェイ グォ トウ

因為早上睡過頭，

スォ イィ メイ ダー サン フェイ ジー

所以沒搭上飛機。

朝寝坊したので、飛行機に乗り遅れてしまいました。

35 もし

TRACK 40

如果（ㄖㄨˊ ㄍㄨㄛˇ / ルゥ グォ）

もし

「如果」は、「もし」という意味です。

「もし」という意味の台湾華語は「如果」の他にも「要是」や「假如」がありますが、「如果」が会話でも文章でも最もよく使われます。

簡単に違いを説明すると「要是」は通常は会話だけで使用され、「もし～だったらなぁ」、「もし～していたらなぁ」というように望んでいた結果と異なったことに対する後悔を表現する時によく使われます。

「假如」は「如果」に比べて硬い印象で、よく文章で使われます。

違いが判らなくても「如果」さえ覚えておけば OK です！

基本の文型として次の2つを覚えておきましょう！

・如果 …（的話），我就～。「もし…なら、私は～する。」

・如果 …（的話），我想要～。「もし…なら、私は～したい。」

※「的話」は省略可能。

例文①

Example Sentence

ルゥ グォ ミン ティエン シァ ユゥ ダ ファ

如果明天下雨的話，

ウォ ジョウ ブゥ チュウ タイ ナン ラ

我就不去台南了。

もし明日雨が降ったら、台南へは行きません。

例文②

「カラオケ」は台湾華語では「卡拉OK」と書きます。発音は日本語と同じです

ルゥ グォ ニィ ヨウ スウ ジェン

如果你有時間，

ウォ メン ジョウ イィ チィ チュウ ツァン カ ラ オ ケ バ

我們就一起去唱卡拉OK吧。

もし時間があれば、一緒にカラオケに行きましょう！

例文③

ルゥ グォ チュウ タイ ワン ワン

如果去台灣玩，

ウォ シャン ヤウ ツー ヘン ドゥオ マン グォ

我想要吃很多芒果。

もし台湾に遊びに行くなら、マンゴーをたくさん食べたいです。

Tips 3

曜日と時間の言い方

TRACK 41

曜日

月曜日	星期一	シン チィ イー
火曜日	星期二	シン チィ アァ
水曜日	星期三	シン チィ サン
木曜日	星期四	シン チィ スゥ
金曜日	星期五	シン チィ ウゥ
土曜日	星期六	シン チィリョウ
日曜日	星期天／星期日	シン チィティエン／シン チィ ルゥ

台湾では「星期」ではなく、「禮拜（リィバィ）」と言うこともあります。

時間

時	點	ディエン
分	分	フン
午前	上午	サン ウゥ
午後	下午	シア ウゥ

台湾では普段の会話では「19時」などの言い方はせず、12時間区切りの時間の言い方をします。「上午（午前）」、「下午（午後）」といった言葉も併せて覚えておきましょう！

〈例〉	12時5分	十二 點 五分	スゥ アァ ディエン ウゥ フン
	6時29分	六 點 二十九分	リョウ ディエン アァ スゥ ジョウ フン
	午後3時半	下午三 點 半	シア ウゥ サン ディエン バン

Chapter 4

場面別ダイアローグでフレーズを使ってみよう

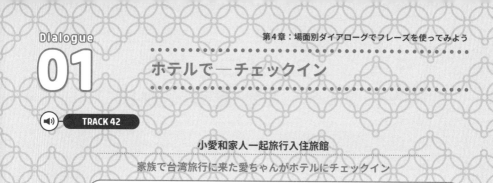

Dialogue 01 ホテルで―チェックイン

TRACK 42

小愛和家人一起旅行入住旅館

家族で台湾旅行に来た愛ちゃんがホテルにチェックイン

愛ちゃん

妳好！我們要入住。

こんにちは。チェックインします。

受付

您好！請問有預約嗎？

こんにちは。ご予約はございますか？

愛ちゃん

有。

はい。

預約完好的手機畫面和護照給櫃檯人員看

スマホの予約画面とパスポートを受付に渡す

受付

ガン ニン ハァ ドゥエイ ズー リャウ
跟您核對資料，
ニン スゥ ユゥ ユエ ツォン スゥウゥハウ ダウ アァスゥハウ
您是預約從15號到20號，
スゥ レン ファン メイ ヨウ フゥ ザゥ ツァン
4人房，沒有附早餐，
ゾン ゴン ウゥティエン スゥ マ
總共5天，是嗎？

予約内容を確認します。
15日から20日まで、4人部屋で、朝食なし、5日間ですね？

愛ちゃん

スゥ ダ
是的。

そうです。

受付

ニン ダ ファン ジェン スゥ チーイーバーハウ
您的房間是718號，
ザァ スゥ ニン ダ ファン ジェン カァ
這是您的房間卡。
ルゥ ズゥ スゥ ジェン スゥ シア ウゥ サン ディエン グォ ホゥ
入住時間是下午三點過後，
トゥエイ ファン スゥ ジェン スゥ サン ウゥ スゥ ディエン ウェイ ズゥ
退房時間是上午十點為止。

お部屋は718号室でございます。こちらはお部屋のカードです。チェックインのお時間は午後3時からで、チェックアウトのお時間は午前10時でございます。

愛ちゃん

シエ シエ
謝謝。

ありがとう。

ホテルで―チェックアウト

TRACK 43

愛ちゃん

我要退房。(ウォ ヤウ トゥエイ ファン)

チェックアウトします。

把房間卡遞給櫃檯人員

カードキーを渡す

受付

好的，謝謝。(ハウ ダ シエ シエ)

かしこまりました。ありがとうございました。

愛ちゃん

請問可以先寄放行李到晚上七點嗎？(チン ウァン カァ イィ シエン ジィ ファン シン リィ ダウ ワン サン チー ディエン マ)

すみませんが、午後7時まで荷物を預けられますか？

受付

可以。總共幾件行李呢？(カァ イィ ゾン ゴン ジィ ジエン シン リィ ナ)

はい。お荷物はいくつございますか？

愛ちゃん

總共4件行李。(ゾン ゴン スゥジエン シン リィ)

全部で4個です。

受付

好的，這是行李號碼牌。
要領取行李時，
請拿號碼牌來領取。

はい。こちらはお荷物の受け取りカードです。荷物を受け取る時に、このカードをお渡しください。

愛ちゃん

好的，謝謝妳。

はい、ありがとう。

來拿行李

荷物を受け取る

愛ちゃん

ニィ ハウ ウォ ライ ナァ シン リィ

妳好！我來拿行李。

こんばんは。荷物を受け取りに来ました。

把行李號碼牌遞給櫃檯人員

カードを渡す

受付

チン サウ ダン イィ シァ

請稍等一下。

ザァ シエ スゥ ニン ダ シン リィ マ

這些是您的行李嗎？

少々お待ちください。お荷物はこちらでお間違いないですか？

愛ちゃん

スゥ ダ シエ シエ ニィ

是的。謝謝妳！

はい。ありがとうございました。

受付

ブゥ カァ チィ

不客氣。

どういたしまして。

台湾の“ホテル”の表記いろいろ

台湾華語ではホテルを意味する言葉がいくつかあります。

「飯店」、「酒店」、「旅館」、「旅店」、「商旅」は全てホテルのことですが、少しずつ違いがあります。

- **飯ㄈㄢˋ店ㄉㄧㄢˋ**（ファンディェン）

ホテルとして一般的によく見られる表記で、特にレストランが併設されている宿泊施設には飯店とつけられていることが多いです。例えば、飯店のつく台湾の有名なホテルには國賓大飯店や圓山大飯店などがあります。

- **酒ㄐㄧㄡˇ店ㄉㄧㄢˋ**（ジョウディェン）

酒店は飯店と同じくレストランが併設された宿ですが、一般的に酒店は高級なホテルにつけられていることが多いです。星つきのホテルで、ジムやプール、バーが併設され、大きなホテルの場合には宴会場などもあります。例えば台北晶華酒店が有名です。酒店は香港や中国からきた呼び方なので飯店ほど多くありません。

- **旅ㄌㄩˇ館ㄍㄨㄢˇ**（リュウグァン）

旅館は飯店と同じくらいよく見られる表記ですが、旅館は宿の提供がメインのホテルです。飯店や酒店に比べて小規模でリーズナブルなことが多いです。日本の旅館と違って温泉が付いているわけではないので間違えないでくださいね！またホステルは青年旅館と表記されることが多いです。

- **旅ㄌㄩˇ店ㄉㄧㄢˋ**（リュウディェン）

旅館と同じく宿の提供がメインのホテルです。呼び方が違うだけで同じものと考えてもらって OK です。

- **商ㄕㄤ旅ㄌㄩˇ**（シャンリュウ）

旅館や旅店と同じく宿の提供がメインで、特にビジネスホテルのことをいいます。

Dialogue 03 両替をする

TRACK 44

愛ちゃん

你好，我要換台幣。

こんにちは！台湾ドルに両替したいです。

護照和日鈔遞給櫃檯人員

パスポートと日本円を渡す。

受付

您好。收您三萬日幣。
現在匯率是0.2686，
所以是台幣8058元。

こんにちは。3万円お預かりしました。
ただ今、レートは0.2686なので8058元です。

愛ちゃん

好的。不好意思，
請把3000元換成500元紙鈔。
2000元換100元紙鈔。

分かりました。すみませんが、3000元分は500元の紙幣、
2000元分は100元の紙幣に両替してもらえますか。

好的，請稍後。
讓您久等了。
請您確認金額後，在這裡簽名。

受付

かしこまりました。少々お待ちください。
お待たせいたしました。金額を確認してから、ここにサインしてください。

愛ちゃん

好的，謝謝。

はい。ありがとうございました。

Column 2

台湾のお金について

台湾のお金は台湾華語では「新台幣（シンタィビィ）」と言います。

お金の単位は「元（ユェン）」と表記されますが、会話では「塊（クァィ）」と言うことが多いので、ぜひ覚えておきましょう！

台湾のお金は1元、5元、10元、20元、50元がコインで、100元、200元、500元、1000元、2000元がお札になります。

夜市など屋台では1000元などの大きな額のお札を出すと、お釣りがなくて断られることもあるので、100元札を多めに持っておくといいですよ！

最後に、日本から台湾へ旅行する時は、両替は台湾でしましょう！日本で両替するよりもレートが良いですよ！

Dialogue 04 タクシーに乗る

TRACK 45

愛ちゃん

趕不上下午三點的公車了，我們坐計程車去九份吧！

15時のバスは間に合わない！タクシーで九份へ行こう！

宗くん

好。小愛，計程車來了！

うん。愛ちゃん、タクシーが来たよ！

舉手叫計程車

手を上げてタクシーを止める

愛ちゃん

請到九份，謝謝。

九份までお願いします。ありがとう。

運転手

好的，開始計表。

はい、かしこまりました。メーターを回します。

目的地抵達

目的地に到着

愛ちゃん

チン ザィ ザァ リィ ティン ツァー ゾン ゴン ドゥォ サゥ チェン

請(ㄑㄧㄥˇ)**在**(ㄗㄞˋ)**這**(ㄓㄜˋ)**裡**(ㄌㄧˇ)**停**(ㄊㄧㄥˊ)**車**(ㄔㄜ)。**總**(ㄗㄨㄥˇ)**共**(ㄍㄨㄥˋ)**多**(ㄉㄨㄛ)**少**(ㄕㄠˇ)**錢**(ㄑㄧㄢˊ)？

ここで降ります。いくらですか？

運転手

リャンバィウゥスゥユエン

250元(ㄩㄢˊ)。

250元です。

宗くん

ゲィ ニィ サンバィ ユエン

給(ㄍㄟˇ)**你**(ㄋㄧˇ)**300元**(ㄩㄢˊ)。

300元で。

運転手

ザゥ ニィ ウゥスゥユエン シエ シエ

找(ㄓㄠˇ)**你**(ㄋㄧˇ)**50元**(ㄩㄢˊ)，**謝**(ㄒㄧㄝˋ)**謝**(˙ㄒㄧㄝ)。

50元のお返しです。ありがとうございました。

愛ちゃん&宗くん

シエ シエ

謝(ㄒㄧㄝˋ)**謝**(˙ㄒㄧㄝ)。

ありがとうございました。

Dialogue 05 地下鉄の乗り方

TRACK 46

愛ちゃん

シャウ ズォン
小宗，

ダイ フェイ ヤウ ブウ ヤウ チュウ シー メン ディン グァン ジェ
待會要不要去西門町逛街？

宗くん、あとで一緒に西門町へショッピングに行かない？

宗くん

ハウ ヤ
好呀。

いいよ！

「悠遊カード」は台湾で使われている交通系 IC カードのことです。日本で言う Suica や ICOCA のようなものです。

愛ちゃん

小宗，你用悠遊卡，是不是？我沒有悠遊卡，而且也不知道怎麼買票。

宗くんは悠遊カードで使うでしょう？私持ってないし、切符の買い方も分からないよ！

宗くん

妳沒有嗎？那妳要先到自動售票機買車票。到西門町要20元。順便一提，自動售票機能顯示日文，就算不懂中文也沒關係喔！

持ってないの？じゃあまずは自動券売機で乗車券を買わないとね。西門町までは20元だよ。ちなみに券売機は日本語表示にもできるから中国語が分からなくても大丈夫だよ！

愛ちゃん

咦？車票不是紙耶！

あれ？乗車券は紙じゃないんだね！

宗くん

對呀！因為是IC代幣，所以在入站處，拿著代幣輕觸感應區，門檔就會打開了。

そうだよ！トークンだから自動改札機のセンサー部分にタッチするだけでゲートが開くよ！

宗くん

對了！台灣的捷運是禁止飲食，要注意喔！

そうだ！台湾の地下鉄は飲食禁止だから注意してね！

愛ちゃん

知道了！我會小心的。要出站時，要怎麼做呢？

分かったよ。気をつける！
改札を出る時はどうすればいい？

宗くん

到目的站後，拿著代幣投入出站處的感應機回收IC代幣後，等門檔打開，就可以出來了。

目的の駅に着いたら、今度はトークンを自動改札機に投入すれば、
ゲートが開いて出られるよ。

愛ちゃん

知道了，好方便喔！謝謝。

分かった。とても便利だね！ありがとう。

知っておくべき台湾の地下鉄マナー

台湾の地下鉄は「捷運（ジェユン）」または「MRT」と呼ばれています。現在は台北、桃園、高雄、台中に捷運が通っています。そして近い将来、台南にも開通する予定だそうです。旅行中の移動がしやすくなるので嬉しいですね！

運賃は日本円で100円以下からと、とても安く移動できて便利な捷運ですが、日本とは違う習慣があるので、旅行に行く前に確認しておきましょう！

・飲食について

捷運では飲食が禁止されているので注意が必要です！違反した場合は旅行者であっても1500～7500元の罰金がありますよ！

捷運の車両内にも飲食禁止のステッカーが貼られています。忘れないようにしましょうね！

・優先席について

優先席は台湾華語では「博愛座（ボォアィズォ）」と言います。台湾では通常この席にはお年寄りや障害のある方、妊婦さん、子連れの方以外の人は車内が混んでいても座ることはありません。空いていても座らない方がベターです。台湾では博愛座でなくても、席が必要な人が乗ってきた場合には席を譲るのが習慣となっていますよ。

Dialogue 06

バスの乗り方

TRACK 47

宗くん

我們搭公車到安平吧！

バスに乗って安平に行こう！

愛ちゃん

好。可是，我沒搭過，
你教我搭車方式吧！

うん。でも私バスに乗ったことがないから乗り方教えてね！

宗くん

OK！首先，
想要搭的公車來的時候。
一定要把手舉起來。
沒有的話，公車就不會停。

OK！まずは乗りたいバスが来たら必ず手を挙げて。
手を挙げないと止まってくれないよ！

愛ちゃん

這様啊！

そうなんだ！

宗くん

啊！剛好公車來了！手舉起來。
從前方上車，然後先在投幣處投錢或是用悠遊卡感應。

あっ！ちょうどバスが来たよ！手を挙げて。
前から乗って、先に運賃箱にお金を入れるか悠遊カードをタッチしてね。

愛ちゃん

我沒有悠遊卡，所以用錢投幣。
司機先生，
請問到安平樹屋要多少錢呀？

悠遊カードは持ってないから現金で払うことにする。
運転手さん安平樹屋までいくらですか。

運転手

18塊。

18元です。

宗くん

快要到了，按下車鈕。

もうすぐ着くよ！降車ボタンを押して。

愛ちゃん

OK！

オッケー。

宗くん

從後方下車喔！
因為我是用悠遊卡感應，
所以下車時，還要再感應一下。
可是小愛是投幣，
所以下車時，
直接下車就可以了。

後ろのドアから降りるよ。僕は IC カードだからもう一度タッチするけど、
愛ちゃんは現金で払っているからそのまま降りればいいよ！

愛ちゃん

嗯！謝謝。

はい。ありがとう。

台湾の交通について

旅行中の移動には「悠遊卡（ヨゥヨゥカァ）（EasyCard）」を使うと便利です！悠遊卡は交通系の IC カードで、地下鉄各駅の改札窓口やコンビニなどで買うことができ、お金をチャージして使います。地下鉄だけでなく、バス、台湾鉄道、タクシーなどでも使用することができます。そして、一部のお店では電子マネーとしても使うことができて便利ですよ！色々な柄があるのでお気に入りのカードを見つけてくださいね！

・タクシー 計程車（ジィツァンツァー）

台湾のタクシーは黄色です。日本と同じく手をあげて停めますが、扉は自分で開閉します。初乗り運賃は日本と比べて安く、移動に便利なタクシーですがいくつか注意点があります。「台湾大車隊」や「大都会」といった大きな会社のタクシーは比較的安心して乗れますが、個人タクシーをつかまえた場合はぶつけた痕がないことや、車内が散らかってないか確認してから乗るようにしましょう。また乗った後も運賃メーターが付いているか、メーターが回っているか確認するようにしましょう！

・バス 公車（ゴンツァー）

台湾の路線バスは手を挙げて停めないとバス停を通過してしまうことがあるので注意してください。支払いは路線によっては先払いだったり後払いだったりします。悠遊卡であれば、先払い後払い関係なく乗車時と降車時にタッチすれば良いので、バスに乗る場合は用意しておくと煩わしくありません。

また、都市間の移動には長距離バスも安くて便利です。飛行機のように映画を見られる画面付きのバスもあって長旅でも暇することなく過ごせますよ！

Dialogue 07 ツアーに参加する（写真を撮る）

TRACK 48

兩人參加旅遊團到剝皮寮歷史街區觀光

友達とツアーに参加して剝皮寮歴史街區を観光。

ガイド

イィ シャウ スウ ホウ
一(ㄧ)小(ㄒㄧㄠˇ)時(ㄕˊ)後(ㄏㄡˋ)，
チン ダァ ジャー ザィ ザァ リィ ジィ ハァ
請(ㄑㄧㄥˇ)大(ㄉㄚˋ)家(ㄐㄧㄚ)在(ㄗㄞˋ)這(ㄓㄜˋ)裡(ㄌㄧˇ)集(ㄐㄧˊ)合(ㄏㄜˊ)。

皆さん1時間後、ここに集合してくださいね。

愛ちゃん＆宗くん

ズー ダゥ ラ
知(ㄓ)道(ㄉㄠˋ)了(˙ㄌㄜ)。

分かりました。

愛ちゃん

ハゥ バン ダ ディ ファン ヤ
好(ㄏㄠˇ)棒(ㄅㄤˋ)的(˙ㄉㄜ)地(ㄉㄧˋ)方(ㄈㄤ)呀(˙ㄧㄚ)！

素敵なところだね！

宗くん

ザァ リィ スウ フェイ ツァン ヨウ ミン ダ ジン ディェン
這(ㄓㄜˋ)裡(ㄌㄧˇ)是(ㄕˋ)非(ㄈㄟ)常(ㄔㄤˊ)有(ㄧㄡˇ)名(ㄇㄧㄥˊ)的(˙ㄉㄜ)景(ㄐㄧㄥˇ)點(ㄉㄧㄢˇ)，
チン レン バン ウォ メン ザィ ザァ リィ ザゥ シャン バ
請(ㄑㄧㄥˇ)人(ㄖㄣˊ)幫(ㄅㄤ)我(ㄨㄛˇ)們(˙ㄇㄣ)在(ㄗㄞˋ)這(ㄓㄜˋ)裡(ㄌㄧˇ)照(ㄓㄠˋ)相(ㄒㄧㄤˋ)吧(˙ㄅㄚ)！

ここはとても有名な観光スポットだよ！ここで誰かに写真を撮ってもらおう！

愛ちゃん

ハゥ ヤ
好(ㄏㄠˇ)呀(˙ㄧㄚ)！

オーケー！

宗くん

ニィ ハウ ブゥ ハウ イィ ス
你好！不好意思，

カァ イィ バン ウォ メン ザゥ シャン マ
可以幫我們照相嗎？

こんにちは。すみませんが、写真を撮っていただけませんか？

通行人

ハウ ヤ
好呀。

いいですよ。

愛ちゃん＆宗くん

シエ シエ ニィ
謝謝你。

ありがとうございます。

通行人

イー アァ サン チーズ
一，二，三，cheese!

ザァ ヤン カァ イィ マ
這樣可以嗎？

1、2、3、チーズ！これで良いですか？

宗くん

カァ イィ シエ シエ ニィ
可以，謝謝你！

はい。ありがとうございます。

愛ちゃん

ナァ ウォ メン チュウ マイ バン ソウ リィ バ
那我們去買伴手禮吧！

それじゃあお土産を買いに行こう！

小飛の台湾おすすめ観光スポット

北部

九份（ジョウフン）	台湾人にも人気の観光地
十分（スゥフン）	願い事を書いたランタンを飛ばすことができる
野柳地質公園（イェリョウディジュウゴンユェン）	おもしろい形の岩がたくさん
迪化街（ディファジエ）	レトロな建物が並ぶ漢方、乾物、雑貨、布の問屋街
龍山寺（ロンサンスゥ）	台湾一有名なお寺
剝皮寮（ボォピィリャウ）	懐かしくて美しい街並み
信義商 圏（シンイィシャンチュェン）	おしゃれなレストランやお店が並ぶショッピング街

南部

安平樹屋（アンピンシュウウゥ）	建物を飲み込むような巨木がインパクト大！老街の街歩きも楽しい
花園夜市（ファユェンイェスゥ）	台湾人が選ぶ10大夜市の一つ
台江國家公園（タイジャングォジャーゴンユェン）	四草緑色隧道の水上に続く緑のトンネルに癒される
台南市美術館（タイナンスゥメイシュウグァン）	真っ白でかっこいい建物
井仔脚瓦盤鹽田 風景區（ジンザィジャウワァパンイェンティェンフォンジンチュウ）	塩田の夕焼けが絶景
旗津（チィジン）	レンタサイクルでのんびり島巡り
駁二藝術特區（ボォアァイィスゥタァチュウ）	現代アートがひろがる楽しいエリア
月世界（ユェシュウジェ）	まるで違う惑星にいるような景色
六合夜市（リョウハァイェスゥ）	港町らしく魚介グルメも豊富な観光夜市
墾丁（カンディン）	台湾最南端の美しいビーチリゾート

中部

逢甲夜市（フォンジァ イエ スゥ）	学生街にひろがる巨大な夜市
彩虹村（ツァイホン ツン）	どこをとってもカラフルな 台湾一の映えスポット
高美濕地（ガゥ メイ シュゥ ディ）	台湾のウユニ塩湖
鹿港老街（ルゥ ガン ラゥ ジエ）	レンガ造りのノスタルジックな街並み
國立台湾美術館（グォ リィ タイ ワン メイ シュゥグァン）	併設されているカフェ 「古典玫瑰園」がお気に入り

東部

太魯閣國家公園（タイ ルゥ ガァ グォジャーゴンユェン）	台湾八景の一つにも選ばれる景勝地

離島

綠島（リュゥダゥ）	ダイビングが盛んなきれいな海に囲まれた小さな島
蘭嶼（ラン ユゥ）	今も原住民の文化が残る自然豊かな島
澎湖（パン フゥ）	マリンアクティビティや古い建造物が魅力

Dialogue 08

お店で買物

TRACK 49

在台北批發商店迪化街買東西

台北の問屋街「迪化街」でお買い物

愛ちゃん

老闆，請問這個多少錢？

ラウ バン チン ウァン ザァ ガ ドゥオ サウ チェン

ㄌㄠˇ ㄅㄢˇ ㄑㄧㄥˇ ㄨㄣˋ ㄓㄜˋ ㄍㄜ˙ ㄉㄨㄛ ㄕㄠˇ ㄑㄧㄢˊ

オーナー、これはいくらですか？

店主

一個300元。

イィ ガ サンバイ ユエン

ㄧˊ ㄍㄜ˙ ㄩㄢˊ

1個300元です。

愛ちゃん

可以算便宜一點嗎？拜託！

カァ イィ スァン ピエン イィ イィ ディエン マ バイ トゥオ

ㄎㄜˇ ㄧˇ ㄙㄨㄢˋ ㄆㄧㄢˊ ㄧˊ ㄧˋ ㄉㄧㄢˇ ㄇㄚ˙ ㄅㄞˋ ㄊㄨㄛ

少し安くできますか？お願いします！

店主

那280元，不能再便宜了。

ナァリャンバィバースゥユエン ブゥ ナン ザィ ピエン イィ ラ

ㄋㄚˋ ㄩㄢˊ ㄅㄨˋ ㄋㄥˊ ㄗㄞˋ ㄆㄧㄢˊ ㄧˊ ㄌㄜ˙

じゃあ280元、もう安くならないよ！

愛ちゃん

哇ㄨㄚ！老ㄌㄠˇ闆ㄅㄢˇ，謝ㄒㄧㄝˋ謝ㄒㄧㄝ˙你ㄋㄧˇ，你ㄋㄧˇ真ㄓㄣ好ㄏㄠˇ。
（ワァ ラウ バン シェ シェ ニィ ニィ ゼン ハウ）

那ㄋㄚˋ給ㄍㄟˇ我ㄨㄛˇ兩ㄌㄧㄤˇ個ㄍㄜ˙。
（ナァ ゲイ ウォ リャン ガ）

わぁーありがとう。優しい〜。じゃあ2つください。

Column 6

台湾お買い物豆知識 1

必ず覚えておくべき表現

台湾でお得にお買い物をしたいなら必ず覚えておいて欲しいのが、「買○送○」と「○折」の2つです。どちらも商品の値札の近くで見かける表現です。

買ㄇㄞˇ○送ㄙㄨㄥˋ○（マィ　ソン）

これは「○個買えば、○個おまけで貰える」という意味です。例えば「買1送1」とあれば、その商品を1つ買えば、おまけで1つ無料になります。商品を2つレジに持っていけば1つ分は無料でゲットできますよ！

○折ㄓㄜˊ（ズァ）

もう一つは割引の表現です。例えば「9折」と表示があったら、「9割（9掛け）の値段で買えますよ」という意味です。9割引ではないので間違えないようにしてくださいね！それと関連して、「第2件9折」などという表現もあります。これは「2つ目は9割の値段になる」という意味になりますよ。

Dialogue 09 コンビニで買物

TRACK 50

店員

ニィ ハウ
妳好！

ファン トゥアン ハン ビェン ダン シュー ヤウ バン ニン ジャー ラァ マ
飯糰和便當需要幫您加熱嗎？

こんにちは！おにぎりとお弁当は温めますか？

愛ちゃん

ヤウ シエ シエ
要，謝謝。

ラン ホウ ウォ ヤウ イィ ベィ ゾン ベィ ラァ メィ スゥ カー フェイ
然後我要一杯中杯熱美式咖啡。

はい、ありがとう。
それと、Mサイズ、ホットのアメリカンを１つください。

店員

ハウ ダ ゾン ゴン イィバィリンウゥユエン シュー ヤウ ダィ ズ マ
好的。總共105元。需要袋子嗎？

はい、全部で105元です。ビニール袋は要りますか？

愛ちゃん

ヤウ ダィ ズ
要袋子。

要ります。

店員

那(ナァ/ㄋㄚˋ)**要**(ヤゥ/ㄧㄠˋ)**再**(ザィ/ㄗㄞˋ)**加**(ジャー/ㄐㄧㄚ)**3元**(サンユェン/ㄩㄢˊ)**，總**(ゾン/ㄗㄨㄥˇ)**共**(ゴンイィバィリンバーユェン/ㄍㄨㄥˋ)**108元**(ㄩㄢˊ)**。**

では3元かかります。お会計は108元です。

愛ちゃん

好(ハゥ/ㄏㄠˇ)**的**(ダ/˙ㄉㄜ)**。**

はい。

店員

謝(シェ/ㄒㄧㄝˋ)**謝**(シェ/˙ㄒㄧㄝ)**光**(グァン/ㄍㄨㄤ)**臨**(リン/ㄌㄧㄣˊ)**。**

ありがとうございました。

Column 7

台湾お買い物豆知識 2

レシートは捨てないで！

台湾のレシートは宝くじになっています！8桁の数字が印刷されていて、2か月に1度台湾の財政部のウェブサイトで当選番号が発表されます。当選した場合はコンビニや銀行で換金ができます。交換期限は3ヶ月あるので、年に数回旅行に訪れる方はレシートを捨てないようにしましょう！そうでない方はコンビニや空港に宝くじ付きのレシートを寄付できる入れ物が置いてあるので、そちらに入れましょう。当選していた場合は必要な団体に寄付されます。

Dialogue 10 レストランでの注文方法

TRACK 51

店員

歡迎光臨！請問幾位？

いらっしゃいませ！何名様ですか？

愛ちゃん

四位。

4人です。

店員

這是菜單，待會幫您點餐。

これはメニューです。後ほどご注文をお伺いいたします。

愛ちゃん

好的，謝謝。

はい、ありがとう！

點餐

注文

愛ちゃん

不好意思，我們要點餐。

すみません、注文します。

店員

ハウ ダ チン ウァン ニン ヤウ ディエン セン マ
好的，請問您要點什麼？

はい、ご注文をお伺いします。

愛ちゃん

イィ フン シェン シャー ツァウ ソウ
一份鮮蝦炒手、

ラン ホウ リャン フン シャウ ロン バウ
然後兩份小籠包、

ラン ホウ リャン フン ジィ ジェ シェン スウ シュー
然後兩份季節鮮時蔬、

ラン ホウ スウ ワン バイ ファン
然後四碗白飯。

ウン チン ウァン ヨウ トェイ ジェン ダ ツァン ディエン マ
恩…請問有推薦的餐點嗎？

鮮蝦炒手1つ、小籠包2つ、季節鮮時蔬2つ、そして白ご飯4つ。
う～ん…何かオススメはありますか？

店員

ウォ メン ディエン ダ ザウ パイ スウ ホン サウ ドン プォ ロウ
我們店的招牌是紅燒東坡肉。

当店のお薦めは紅燒東坡肉です。

愛ちゃん

ナァ マ ライ イィ フン
那麼來一份。

じゃあ1つください。

店員

好的。我重複您點的餐點。一份鮮蝦炒手、兩份小籠包、兩份季節鮮時蔬、四碗白飯、一份紅燒東坡肉。那飲料呢？

かしこまりました。ご注文を繰り返します。
鮮蝦炒手1つ、小籠包2つ、季節鮮時蔬2つ、そして白ご飯4つ、
紅燒東坡肉1つ。お飲み物のご注文は？

愛ちゃん

四瓶台灣啤酒和一壺烏龍茶，謝謝。

台湾ビール4本とウーロン茶1ポット。以上です。

店員

好的。

かしこまりました。

飯後

食後

愛ちゃん

大家都吃飽了嗎？

みんなもうお腹いっぱい？

みんな

ツー バウ ラ
吃ㄔ飽ㄅㄠˇ了˙ㄌㄜ。

お腹いっぱいー。

愛ちゃん

サン シア ダ ダア バウ バ ブウ ハウ イィ ス
剩ㄕㄥˋ下ㄒㄧㄚˋ的˙ㄉㄜ打ㄉㄚˇ包ㄅㄠ吧˙ㄅㄚ！不ㄅㄨˋ好ㄏㄠˇ意ㄧˋ思˙ㄙ，
チン バン ウォ メン ダア バウ
請ㄑㄧㄥˇ幫ㄅㄤ我ㄨㄛˇ們˙ㄇㄣ打ㄉㄚˇ包ㄅㄠ。

残った分はお持ち帰りにしよう。すみません、
これを持ち帰り用に包んでください。

店員

ハウ ダ チン サウ ホウ
好ㄏㄠˇ的˙ㄉㄜ，請ㄑㄧㄥˇ稍ㄕㄠ後ㄏㄡˋ。

はい、少々お待ちください。

收銀櫃檯

レジ会計

愛ちゃん

ブゥ ハウ イィ ス ウォ ヤウ ジェ ザン
不好意思，我要結帳。

すみません、会計します。

店員

ハウ ダ ゾン ゴンイィチェンウゥバイユエン
好的，總共1500元。

はい。お会計は1500元です。

愛ちゃん

チン ウァン カァ イィ スァ カァ マ
請問可以刷卡嗎？

クレジットカードは使えますか？

店員

ダン ラン カァ イィ
當然可以。

もちろん使えますよ。

Column 8

TRACK 52

「台湾レストランのおすすめメニュー」

梅干扣肉（メィガンコゥロゥ）
豚バラ肉と高菜のような漬物とを一緒に煮込んだ客家民族の料理。お肉がトロトロ～♪

Column 8

雞肉飯（ジーロゥファン）
白いご飯に蒸し鶏をほぐしのせ、チキンスープに鶏油と紅蔥頭を合わせたタレをかけた料理。

皮蛋豆腐（ピィダンドゥフゥ）
熟成させたアヒルの卵を豆腐に乗せ、ネギ、醤油、胡麻油、唐辛子などを合わせたソースをかけた料理。

牛肉麵（ニョゥロゥミェン）
肉や野菜などの食材を煮込んだスープで食べる牛肉がゴロゴロ入った麺料理。

小籠包（シャゥロンバゥ）
小麦粉で作った薄い皮で豚の挽肉を包んで、蒸した料理。美味しいスープが溢れ出ます♪

三杯雞（サンベィジー）
ごま油でしっかり焼いた鶏肉を生姜や醤油などで煮込み、九層塔という台湾バジルを加えた料理。

滷肉飯（ルゥロゥファン）
ニンニクや八角などの香辛料などで煮込んだ豚肉を白いご飯にかけた料理。

Dialogue 11 ドリンクスタンドでの注文方法

TRACK 53

愛ちゃん：好渴呀～，我們去買飲料吧！

のど渇いた～。飲み物を買いに行こう！

宗くん：好呀！

いいね！

（ドリンクスタンドで）

店員：你好，你們要點什麼？

こんにちは、注文をお伺いします。

愛ちゃん：你好，我要一杯中杯奶蓋烏龍茶，半糖、少冰，然後一杯中杯熱珍珠奶茶，少糖。

こんにちは、Mサイズのチーズフォーム烏龍茶1杯、甘さ半分、氷少なめで。それからMサイズ、ホットのタピオカミルクティー1杯、甘さ少な目で。

宗くん

ウォ ヤウ イィ ベイ ダア ベイ バイ シャン ニン モン リュウ

我要一杯大杯百香檸檬綠，

ジャー イエ グォ バン タン チュウ ビン

加椰果、半糖、去冰。

Lサイズのパッションフルーツレモングリーンティー1杯、ナタデココ追加、半糖、氷無しで。

店員

ハウ ダ ヤウ スウ ジャウ ダイ マ

好的，要塑膠袋嗎？

はい、袋は要りますか？

愛ちゃん

ヤウ

要。

はい

店員

ゾン ゴン スウ イィバイリィンアアユエン

總共是102元。

合計で102元です。

Column 9

ドリンクスタンドでは甘さや氷の量を変更できます。

甘さは「全糖（通常の甘さ）」、「七分糖（7割の甘さ）」、「半糖（半分の甘さ）」、「三分糖（3割の甘さ）」、「無糖（シロップなし）」など、氷の量は「正常冰（通常の量）」、「少冰（少なめの量）」、「去冰（氷なし）」などから選べます。

トッピングの追加も可能です。「珍珠（小粒タピオカ）」、「波霸（大粒タピオカ）」、「仙草凍（仙草ゼリー）」、「咖啡凍（コーヒーゼリー）」、「椰果（ナタデココ）」、「布丁（プリン）」、「蘆薈（アロエ）」、「芋圓（芋団子）」、「蒟蒻（蒟蒻）」、「愛玉（オーギョーチ）」、「奶蓋（チーズフォーム）」、「粉條（太春雨）」などがあります。

Dialogue 12 屋台での注文方法

TRACK 54

在夜市買滷味

夜市で滷味を買う

愛ちゃん

這味道真香，這是什麼？

スゴイいい匂いがする。これは何？

滷味（ルゥウェィ）は、夜市などでよく見かける台湾料理です。「滷」が煮込むという意味で、八角などの香辛料で煮込んだ具材から、好きなものを自分で選びます。いわば「台湾版おでん」です。スープの味や具材の種類はお店によって少しずつ違うので食べ比べてお気に入りのお店を見つけて下さいね！

宗くん

這是滷味香呀！要不要試吃看看？

これは滷味の匂いだよ！食べてみる？

愛ちゃん

好呀！

いいね！

宗くん

先把妳想吃的食材跟我說，我在用夾子放進濾網籃中。

まずはきみが食べたいものを僕に教えて！僕がトングでザルに入れるね！

把裝完食材的濾網籃交給老闆

オーナーに具材を入れたざるを渡す

店主

跟你確認一下，兩份豆皮、
然後一包王子麵、
然後一份高麗菜、一份豬耳朵、
然後一份米血糕，
這樣就可以了嗎？

> 米血糕は米と新鮮な豚の血と食塩を蒸して作られた料理です。

確認しますね。油揚げ2つと王子めん1つとキャベツ1つ、ミミガー1つと米血糕1つ。以上でよろしいですか？

宗くん

是。老闆，這樣多少錢？

はい。オーナー、これでいくらですか？

店主

總共200元。外帶還是內用？

全部で200元です。お持ち帰りですか？召し上がっていきますか？

宗くん

外帶。

> 「ここで食べます」は「內用（ネィヨン）」と言います。

持ち帰りで。

店主

要加辣嗎？有大辣、中辣、小辣。

ヤウ ジャー ラア マ ヨウ ダア ラア ゾン ラア シャウ ラア

辛味をつけますか？大辛、中辛、小辛があります。

愛ちゃん&宗くん

不要辣，謝謝。

ブウ ヤウ ラア シエ シエ

要らないです。ありがとう。

Column 10

「台湾屋台のおすすめグルメ」

TRACK 55

地瓜球
（ディグァーチョウ）
さつまいもとタピオカ粉を混ぜて揚げたスイーツ。外はパリっと中はモチモチの台湾夜市定番おやつ。

臭豆腐（ツォゥドゥフゥ）
発酵液に漬けた豆腐を煮たり揚げたりした、強烈な臭いがする料理。泡菜という白菜の酢漬けをのせて食べるのが定番！

滷味
（ルゥウェィ）
漢方、八角などの香辛料で煮込んだいろんな具材から自分で選んで食べる台湾おでん。

大腸包小腸
（ダァツァンバゥシャゥツァン）
もち米を詰めたソーセージに切れ込みを入れ、そこにさらに豚肉のソーセージを挟んだ料理。

鹹酥雞（シェンスゥジー）
一口サイズのお肉や野菜、豆腐などの食材を油で揚げて、塩コショウや香辛料で味付けされた食べ物。

米糕
（ミィガゥ）
煮込んだお肉と魚鬆（でんぶ）、ピーナッツ、キュウリ、香菜などがトッピングされたご飯。

蔥油餅（ツォンヨゥビン）
小麦粉で作った生地に塩とネギを加えて焼き上げたクレープのようなグルメです。

炸雞排（ザァジーパィ）
顔くらいの大きさもある台湾風フライドチキン。サクサクっとした食感で台湾ビールにも合う。

蘿蔔糕（ルォボォガゥ）
大根と米粉の練り物を蒸してから、焼き上げた料理。甘みのある醤油膏や甘辛い甜辣醬をつけてどうぞ♪

豆花
（ドゥファー）
なめらかな豆腐に黒糖シロップとタピオカや芋圓などのトッピングを添えた台湾スイーツ。

茶葉蛋（ツァイェダン）
ゆで卵を殻のついたまま醤油や茶葉、八角などの香辛料と共に煮込んだもの。

肉粽
（ロゥズォン）
もち米に角煮や椎茸、栗などの具材を詰め、笹の葉で包んだ台湾のちまき。

芋圓
（ユゥユェン）
里芋から作られたモチモチ食感の伝統的なスイーツ。特に九份の芋圓が有名です♪

肉圓
（ロゥユェン）
豚肉、筍と椎茸などを混ぜた肉餡を芋やお米の粉で包んで蒸し、タレをかけて食べる料理。外はモチモチ、中ジューシー♪

土魠魚羹麺
（トゥトゥォユゥガンミェン）
サクっと揚げた土魠魚がはいったとろみのある中華スープ。お好みで麺や米粉を追加♪

擔仔麵
（ダンズゥミェン）
エビの出汁で取ったスープ、そこに肉そぼろ、香菜、ニンニクなどを合わせた麺料理。

左）**蛋餅**（ダンビン）
右下）**牛肉餡餅**
（ニョゥロゥシェンビン）
蛋餅は弾力のある食感のクレープ状の生地と卵を一緒に焼き、くるくると巻いた、朝食の定番メニュー！牛肉餡餅は小麦粉でつくった皮で牛肉を包み、フライパンで蒸し焼きにした食べ物。肉汁があふれますよ！

鍋燒意麵（グォシャゥイィミェン）
鰹節や何種類もの具材で作ったスープに揚げた麺を入れ、ネギやてんぷら、麩、かまぼこなど盛り沢山にのせた料理。

Tips 4 時制の話

TRACK 56

台湾華語には過去形・未来形などの時制がありません。
文の先頭（もしくは主語の後ろ）に時間を表す言葉を付けて過去や未来を表現します。

基本の形	**我**(ウォ) **學**(シュエ) **台灣華語**(タイワンファユウ)。 私は台湾華語を勉強します。
過去	**昨天**(ズオティエン) **我**(ウォ) **學**(シュエ) **台灣華語**(タイワンファユウ)。 私は昨日台湾華語を勉強しました。
未来	**明天**(ミンティエン) **我**(ウォ) **學**(シュエ) **台灣華語**(タイワンファユウ)。 私は明日台湾華語を勉強します。

動詞の前後に特定の言葉を付けることによって動作の進行（～している）や経験（～したことがある）を表現することができます。

進行（持続）	在（ザイ）	**我**(ウォ) **在**(ザイ) **學**(シュエ) **台灣華語**(タイワンファユウ)。 私は台湾華語を勉強しています。
経験	過（グォ）	**我**(ウォ) **學**(シュエ) **過**(グォ) **台灣華語**(タイワンファユウ)。 私は台湾華語を勉強したことがある。
完了	了（ラ）	**我**(ウォ) **學**(シュエ) **了**(ラ) **台灣華語**(タイワンファユウ)。 私は台湾華語を勉強し終えた。

時間を表す言葉

現在(シェンザイ)	今	**剛剛**(ガンガン)	さっき	**待會**(ダイフェイ)	あとで
今天(ジンティエン)	今日	**昨天**(ズオティエン)	昨日	**明天**(ミンティエン)	明日
這星期(ザァシンチィ)	今週	**上星期**(サンシンチィ)	先週	**下星期**(シァシンチィ)	来週
這個月(ザァガユエ)	今月	**上個月**(サンガユエ)	先月	**下個月**(シァガユエ)	来月
今年(ジンニエン)	今年	**去年**(チュウニエン)	去年	**明年**(ミンニエン)	来年

実は初めて日本を旅行した時にパスポートを無くしました(笑)。当時はスマホも無く、どうすれば良いか調べたり、翻訳機能を使って伝えたりすることもできませんでした。自力で交番へ駆け込み、覚えたての日本語でなんとか状況を説明しました。それほど上手に話せたわけではありませんでしたが、ちゃんと伝わり無事に（？）帰国できました。

その国の言葉が話せると、このようなピンチの時に安心です。

あとがき

言葉が話せることで特別な体験も多くできました。下手くそだって大丈夫です。相手とコミュニケーションを取りたいという気持ちを強く持ち、勇気を出して話してみてください！

最後に感謝の言葉を。本書の執筆を手伝ってくれた夫と台湾の友人。YouTubeで私を発見し、出版のお話を持ちかけてくださったベレ出版の大石さん。本当にありがとうございました。まさか自分の人生で本を作るなんて考えてもみなかったので夢のような経験となりました。これも外国語を話せたからこそできた特別な経験です。そしてこの本を最後まで読んでくださったあなたにも感謝致します。あなたのこれからの人生に少しでも特別な経験を提供できるならそれ以上の幸せはありません。

小飛

著者紹介

小飛（Xiaofei）

台湾出身の台湾人。日本のマンガが好きだったことから日本に興味を持ち、大学生の時に日本語学を専攻。
大学卒業後、日系メーカーの通訳の仕事に携わり、その後退職しオーストラリアにワーキングホリデーへ。
そこで出会った日本人男性と結婚し、現在は日本で生活中。
出産をきっかけに、夫と協力しYouTubeチャンネル『Xiaofei＊小飛と台湾中国語』を開設。
チャンネル登録者数は1.9万人（2021年11月時点）。

●——収録時間　約40分37秒
ナレーター　林 斯啓　仲山 恵玲

●——カバー・本文デザイン　松本 聖典
●——DTP　株式会社 文昇堂
●——イラスト　カトユリ

［音声DL付］小飛さんの今日から話せる台湾華語！

2021年11月25日　初版発行

著者	小飛
発行者	内田 真介
発行・発売	ベレ出版 〒162-0832　東京都新宿区岩戸町12レベッカビル TEL.03-5225-4790　FAX.03-5225-4795 ホームページ　https://www.beret.co.jp/
印刷	モリモト印刷株式会社
製本	根本製本 株式会社

落丁本・乱丁本は小社編集部あてにお送りください。送料小社負担にてお取り替えします。
本書の無断複写は著作権法上での例外を除き禁じられています。購入者以外の第三者による本書のいかなる電子複製も一切認められておりません。

©Xiaofei 2021. Printed in Japan

ISBN 978-4-86064-673-8 C2087　編集担当　大石裕子